Ballroom Dancing Made Easy

By

C Lighthall

Dedication

Dedicated to Alan, the real Ballroom Dancer in the family

Table of content

Preface

The year was 1999 when I took my first cruise. We sailed out of the port of Miami for seven days in the Caribbean. I really did not care what the ship's destination was. I really wanted to cruise for the shipboard experience. I chose the ship because the dining room was themed for my favorite F Scott Fitzgerald book, *The Great Gatsby*. Even though it was required reading in high school, it still became one of my favorite books. While on this cruise, I spent a few nights in the dance lounges where I observed couples engaging in dancing. Real Dancing. Real Ballroom Dancing. I had never seen anything so grand and elegant. I determined right then that I wanted to learn to ballroom dance someday.

Fast forward 10 years and my dream came true. I had the opportunity to enroll in Ballroom Dance Classes. The dance studio where I took lessons adhered to the Fred Astaire type of dance with international styling. This is the most formal, proper, elegant form of ballroom dance, the crème de la crème of ballroom dance. Over the next few years, I amassed about 300 dance lessons and the ability to perform every dance on the American Ballroom Dance curriculum. I was thoroughly hooked. I was practicing nearly every day of the week and attending several dances per week. Through sheer determination and tenacity, I was dancing at the same level as many people who had been dancing for years longer than I had.

A problem that all people face is that when exposed to something new it is stored in our brain's short-term memory. Only by repetition and frequent use is new knowledge transferred to long term memory where it lasts with us for a little longer. I knew this was the case, and the last thing I wanted was to forget any of my dance lessons. Therefore, as soon as I returned home from a lesson, I sat down at the kitchen table and wrote out everything I had just learned. I quickly discovered that writing the steps and patterns out in long hand was tedious and difficult to follow when practicing. Therefore, I created a shorthand notation that turned the instructions into an abbreviated outline format that was quick and easy to follow.

This book on Ballroom Dance instruction uses this unique notation to make it quick and easy to learn ballroom dance steps. With a little effort, you should quickly be able to pick up the dances and steps that are of interest to you. For any given dance, you wish to learn, we recommend that you start with the beginner level steps, and then progress to the intermediate steps. The advanced steps are much more difficult. They are comprised of long sequences of dance steps strung together to make a whole pattern. They also use many more "open" positions where the woman does not have a direct, firm lead from the man, thus she must know the pattern ahead of time and have practiced it with her partner.

With the help of a resource such as this, you should find it fun and easy to learn to ballroom dance. You will make the most rapid progress if you start with the easiest dances first, then try intermediate level dances, saving the most difficult ones for last.

Easy Ballroom Dances: Waltz, Foxtrot, Rumba, Merengue, Single Swing, Triple Swing, Four Count Swing
Intermediate Ballroom Dances: Tango, Cha-cha, Bolero, Salsa, Hustle
Difficult Ballroom Dances: Quickstep, Samba, West Coast Swing

You may also find it easier and more productive to learn just a few of the beginner steps for the easiest dances on your first pass through the book. That will afford you the opportunity to get on the dance floor more frequently, than if you delve deeply into just a few dances. Expect to make many passes through the book expanding your repertoire of beginner steps for the easy dances, then beginner steps for the intermediate dances, then intermediate steps for the easy and intermediate dances. Only the bold will want to go all the way through the most advanced steps for the most difficult dances.

Beyond all else, Ballroom Dancing should be fun! Try to smile while you dance. Try to laugh at your mistakes. Try not to criticize your partner for his or her mistakes. Just keep trying.

Ballroom Dance Rules of Conduct and Etiquette

Three Golden Rules of Ballroom Dancing

- **The man leads**. That means that the woman must let him. This includes her waiting for his lead and then following it. Leading does not mean that he pushes or pulls her around. He sends gentle but clear signals through his body frame and hands that the woman interprets and then she moves herself.
- **On the dance floor, the man is always right**. Even when he makes mistakes, the woman must do her best to follow him and not correct him on the dance floor.
- **When you are not sure what to do, fake it**. If you get "on the wrong foot," miss a lead, do a step wrong, get out of sync with your partner, whatever; simply keep your feet moving in time to the music and try to sync up with your partner as quickly as possible. Try not to stop in the middle of the dance floor, try to find a way to keep going and get the dance back on track.

How to ask for (and accept) a dance

When a man asks a woman to dance, he should walk up to her and say something like one of the following while extending his hand palm up for her to place her hand in his

- May I have this dance?
- Would you like to dance?
- Will you dance with me?

The woman should respond with something like one of the following

- Yes, I'd love to
- Yes, I would
- Yes, thank-you

The man then escorts the woman onto the dance floor and takes up his dance position, allowing the woman to choose how close to him she wishes to dance. He should then listen to the music, follow the beat and be sure to start on the "one" beat. When the dance is over, the man never walks away from the woman, leaving her on the dance floor. He always takes her by the hand and escorts her back to her seat, whereupon the woman should thank the man for the dance.

When on the dance floor you must constantly be aware of the presence of other dancers and try to avoid collisions. Respect the "space" of other dancers and do not get too close to them, realizing that they will be moving around in their sphere of space. You must also be aware of "The Line of Dance" (LOD). Dancers who wish to use progressive steps to move around on a busy dance floor should do so by staying close to the outer edge of the floor and moving in a counter clockwise direction. Do not stop and block The Line of Dance. If you wish to transition from progressive steps to stationary ones then move off the outside edge of the dance floor in toward the center of the floor.

Ballroom Dance General Form and Style

General Form and Style Notes Applying to all Ballroom Dances

Do not bounce or bob up and down with each step, rather glide along smoothly. Keep your shoulders straight, aligned with your partner. Turn your feet and head, not your shoulders. Keep your "nose over toes." Look in the direction that you are going or about to go. Dance from the waist down; do not throw your shoulders around. Soften your knees, keep a slight bend in them, and do not be stiff. Keep your weight slightly forward, more on the front half of your feet than on the heels. This allows your feet to pivot when needed. This also allows the man to lead with his upper body frame. That is, his upper body moves forward before his feet do, so that the woman can feel his forward motion and step back.

Handholds should always be light and gentle. It should be easily possible to slip your hands out of each other's grip. The woman should always maintain hand and arm contact with the man unless he releases first. The woman should never pull her hand away from him. When in an open position the woman should never grab for the man's hand. She should simply make her hand available for him to take when he wants to. She does this by holding her hand at waist height, palm down in front of her so that he can easily find it and catch it.

Hand Styling for all three major families of dance

Man

For arm styling draw your hand into the center of your chest and close your fingers to your thumb. As you extend your arm out to the side, keep your palm down and separate your thumb from your fingers about 1 inch.

Woman

For arm styling draw your hand into the center of your chest and close your fingers to your thumb. As you extend your arm out to the side, keep your palm down and extend your thumb, index finger, and little finger. Point your middle and ring finger down.

The woman can also use this hand styling for her left hand on the man's upper arm in a closed dance hold. Her thumb and middle two fingers contact his arm. Her index and middle fingers lift up slightly.

Syncopation

Syncopation is splitting a single beat of music into two footsteps, in other words fitting two steps of footwork into one beat of music. This is shown in the dance step notation throughout this book by using "&" or "ah" depending on the dance.

Rock Step

We frequently use the term "rock step" to describe a dance move where you take a small step forward or back. Then simply shift your weight over to the other foot without moving.

Overview of Specific Dance Styles

True Ballroom Dances (Waltz, Foxtrot, Tango, Quickstep)

Keep both elbows up and out in a horizontal position. The man's right hand goes on the woman's left shoulder blade. His left hand holds her right hand at her shoulder height. Her left hand rests lightly on his upper arm. This is the "closed position." Note that the woman always holds up her own hands and arms. She does not lean them or rest them on the man. It is also important that the woman maintain "arm tone" so that she steps back properly when he steps forward. Her left arm detects his forward motion with his upper body lead. As she feels him step forward, she steps back the same amount. This requires that she maintain arm tone and not have a collapsing elbow. Otherwise, he will walk into her and step on her. She must also keep moving back until she feels his forward motion stop. If she takes too small a step and plants her foot before he has finished his step, he will step on her.

Your feet start in a closed position, heels together and toes together, pointing straight forward. You should each stand slightly to your left relative to your partner, so that you are each looking over the other's right shoulder. Take natural walking steps. When going forward that should be a heel to toe motion. When going backward that should be a toe to heal motion. Pick your feet up off the floor and walk, do not drag or slide your feet.

Waltz Style Notes

Waltz is done in ¾ time and is characterized by rise and fall. Immediately before stepping forward or back dip the knees then rise on the 1,2,3 steps. Waltz should look very light and elegant, like floating across the floor barely in touch with the floor.

Foxtrot Style Notes

Foxtrot is done in 4/4 time and is characterized by a flat style as smooth as glass. There is no rise and fall. Foxtrot is made up of a series of quicks and slows: S, Q, Q. The foot movement on a slow is done slowly so that it takes up two full beats. There is no pause or rest; rather it is a dance of continuous movement.

Tango Style Notes

Tango is done in 4/4 time. Your walking steps in Tango should have a staccato look to them; a cat-like walk, curving to the left. His right hand should be on her lower back, rather than up on her shoulder blade. Her left hand should be under his upper arm, with her thumb in his armpit.

Quickstep Style Notes

Quickstep is done in 4/4 time and is characterized by a flat, smooth style. It is most similar to Foxtrot, but much faster. Like Foxtrot, there is no rise and fall. It is made up of a series of quicks and slows: S, S, Q, Q or S, Q, Q, S. The foot movement on a slow is done so that it takes up two full beats. There is no pause or rest; rather it is a dance of continuous movement.

Latin Dances (Rumba, Merengue, Cha Cha, Bolero, Salsa, Samba)

The man holds his right elbow up and out in a horizontal position, while his left elbow is down in a vertical position. The woman holds her left elbow up and out in a horizontal position, while her right elbow is down in a vertical position. The man's right hand goes on the woman's left shoulder blade. His left hand holds her right hand at her shoulder height. Her left hand rests lightly on his upper arm. This is the "closed position." The same information given above, under the Ballroom section, about the woman's hand and arm usage to feel the man's lead also applies to the Latin dances.

Your feet start in a "V" position, heels together and toes apart. For Latin Dances you stand directly in front of your partner; however, you each still look over each other's right shoulder by looking slightly to the left. Slide your toes lightly on the floor and land your weight on the toe/ball of the foot. This is a toe lead.

To achieve the desired Latin, rhythmic, hip movements you must place and move your feet and knees properly. When you step with your left foot, land your foot on the inside edge where your big toe is and tilt your knee in. This foot and knee motion will push your right hip out to the right.Then smoothly role your left foot flat.

When you step with your right foot, land your foot on the inside edge where your big toe is and tilt your knee in. This foot and knee motion will push your left hip out to the left. Then smoothly role your right foot flat.

Note that it is rolling your feet and tilting your knees that push your hips out. You do not want to swing your hips directly or that will tend to cause your shoulders to bounce and dip.Whereas, the shoulders should remain level.

Rumba Style Notes

Rumba is done in 4/4 time. Rumba is made up of a series of quicks and slows: Q, Q, S. This can also be done to a count of 1, 2, 3, pause. You take a step on the first three beats per measure, pausing on the fourth beat.

Merengue Style Notes

Merengue is a fun and casual dance. It is much more about the hand and arm movements than the footwork. It is also a dance where you should feel free to be creative and make up your own movements. Everything is done to a count of 1,2 1,2, etc. When shifting weight to the left foot, push the left hip out. When shifting weight to the right foot, push the right hip out. Do as much fancy arm styling as possible.

Cha Cha Style Notes

Cha cha is done in 4/4 time. Cha Cha steps are made up of a series of numbers that correspond to the musical beats. However, cha cha also includes a syncopated beat. That is a beat split in two, so it can accommodate two footsteps in a single beat. Cha cha count is 1 2 3 4&. You take a step on the first three beats per measure, and then take two steps on the fourth, syncopated beat.

Bolero Style Notes

Bolero is done in 4/4 time. Bolero steps are made up of a series of quicks and slows: S, Q, Q. The S is the long, power step. The first Q is a small step. The second Q is a medium length step. Many dancers do the two Q steps as a simple rock step. That is incorrect.

Salsa Style Notes

Salsa is done in 4/4 time. Salsa can use a standard closed hold or an open two-hand hold. While dancing the basic forward and back step with a two-hand hold, you can enhance the look of the dance by making circles with your hands. The left hand makes a clockwise circular motion. The right hand makes a counter clockwise circular motion. These two circular motions are always done in opposition to each other.

While dancing Salsa, you can choose to "break" on the one beat or on the three beat. The breaking step is the first step that moves forward or back. Thus, you can start the basic Salsa step on either the one or the three beat. Just remember that the Salsa timing is always Quick Quick Slow (1 2 3 pause).

Samba Style Notes

Use flat feet as opposed to heal lead or toe lead. Samba is done in 2/2 "cut time" (or to 2/4 time). Samba count is done as 1, ah, 2. The "1" step is done in ¾ of a beat. The "ah" step is done in the remaining ¼ of a beat. The "2" step is done on beat 2. Thus, Samba is a syncopated dance, making it a fast and challenging dance.

Additional Latin Dances

Although not usually considered part of American Ballroom Dance, you may encounter these additional Latin dances: Bachata, Mambo, and Bossa Nova. Bachata is a "street dance" often done in Mardi gras celebrations. You can simply Rumba to Bachata music. Mambo is practically indistinguishable from Salsa. Thus, you can Salsa to Mambo music. Bossa Nova (which means new sound) can vary a great deal in the speed of the music. You can Rumba to a slow Bossa Nova or Salsa to a fast one.

Swing Dances (Single, Triple, Four Count, Hustle, West Coast)

All of the swing dances are done in 4/4 time. Pick your feet up off the floor and step, do not drag or slide your feet. Swing dances are generally done in a more open hold than Ballroom Proper or Latin dances. They are more casual, employing a looser, less rigid form and style.

Single Swing Style Notes

The man's right hand goes on the woman's left shoulder blade. His left hand is palm up and holds her right hand down at waist height. You stand at a slight angle to each other so that the man's right shoulder is near to the woman's left shoulder, while their opposite shoulders are slightly farther apart, forming a 45 degree angle between them. Swing your shoulders: on R foot slow step, dip R shoulder; on L foot slow step, dip L shoulder, on Q-Q return your shoulders to a neutral level position.

Single Swing is danced to fast music such as Rockin' Robin, Rock Around the Clock, etc; so we slow down the steps with timing of S-S-Q-Q. Each slow step (S) takes 2 beats, each quick step (Q) takes 1 beat.

Triple Swing Style Notes

The man's right hand goes on the woman's left shoulder blade. His left hand is palm up and holds her right hand down at waist height. You stand at a slight angle to each other so that the man's right shoulder is near to the woman's left shoulder, while their opposite shoulders are slightly farther apart, forming a 45 degree angle between them. Swing your shoulders: on R foot slow step, dip R shoulder; on L foot slow step, dip L shoulder, on Q-Q return your shoulders to a neutral level position.

Triple Swing is danced to slightly slower music than single swing such as That Old Time Rock and Roll, I Love a Rainy Night, Boot-Scootin' Boogie, etc. Triple Swing is a syncopated dance done with a timing of 1ah-2, 3ah-4, 5, 6. The "1ah" (and 3ah) is done as two small fast steps in a single beat. The "2" (and 4) is done as one step in one beat. The "5, 6" is done as one step per beat, usually a rock-step.

Four Count Swing Style Notes

Four Count Swing is danced to Disco music such as The Hustle, Night Fever, Stayin' Alive, and Disco Inferno. All of this music is in 4/4 time. The dance timing is 1-2-3-4, which is usually 1-2, rock-step. This is a very fun, light-hearted dance with many interesting patterns. It provides a good opportunity for you to be creative and add your own steps or modify existing ones as suites you.

Hustle Style Notes

The Hustle is very similar to the Four Count Swing. The difference is that Hustle uses a syncopated step with a timing of 1, 2, &3. Hustle fits four steps into three beats. It uses all of the same steps as Four Count Swing. Therefor separate dance intstructions are not shown for this dance, simply follow the Four Count Swing instructions with the modified timing just mentioned.

West Coast Swing Notes

The standard version of West Coast Swing uses a timing of 1, 2, 3&, 4, 5&, 6. That is eight steps in six beats of music, using two syncopated beats per dance step. There is an alternate version of this dance that uses slower footwork by removing one of the syncopated beats. This timing is 1, 2, 3, 4, 5&, 6. On the 3-beat, tap your toe on the floor and on the 4-beat, step your left foot just the same as the faster version.

14

Ballroom Dance Chart

Type/ Dance	Meas ures Per Min	steps per Min	timing	Count	Comment
Ballroom Proper					**Heel Lead. Both elbows out**
Waltz	28-32	90	3/4	3 Step: 1-2-3	Rise and Fall
Foxtrot	28-32	80-90	4/4	28 (slow)S-Q-Q; 32(fast)S-S-Q-Q	Smooth; Emphasis on beats 1&3
Tango	26-30	70	4/4	5 Step Basic: S-S-Q-Q-S	Staccato
Quickstep	40-50	120	4/4	4 Step: S-Q-Q-S or S-S-Q-Q	Smooth like Foxtrot
4-Cnt Slow	16-20	64	4/4	1-2-3-4 i.e. 1-2-Rock-Step	Can use 4-count swing steps
Latin					**Toe lead. Man's L elbow down**
Rumba	24-30	81	4/4	3 Step: Q-Q-S	Smooth with Latin motion
Merengue	56-68	124	2/2	2 Step: 1-2	All arm movements
Cha Cha	26-32	145	4/4	5 Step: 1-2-3-4&	Overlaps with slow Triple Swing
Bolero	20-24	72	4/4	3 Step: S-Q-Q (Slow-Step-Step)	Smooth; Slide toes, no rock-step
Salsa	40-50	135	4/4	3 Step: Q-Q-S	Fast, take small steps
Samba	50-60	165	2/2	3 Step: ¾-¼Q or 1ah2; step & cut	Fast, take small steps
Bachata	24-30	80	4/4	3 Step: Q-Q-S	Can do Rumba
Mambo	40-50	135	4/4	3 Step: Q-Q-S	Can do Salsa
BossaNova	24-50	80+	4/4	3 Step: Q-Q-S	Can do Rumba or Salsa
Swing					**aka Lindy, Jitterbug, Jive Emphasis on beats 2 & 4**
Single	34-48	56	4/4	4 step: S-S-Q-Q or S-S-rock-step	Similar to Lindy
Triple	30-40	96	4/4	8 steps in 6 beats:1ah2 3ah4 Q-Q or 1-ah2 3-ah4 Rock-Step	Similar to Jitterbug
Four Count	26-32	116	4/4	4 Step: 1-2-3-4 i.e. 1-2-rock-step	Disco
Hustle	26-32	160	4/4	4 Step: 1-2-&3	Same steps as 4-count swing
West Coast	20-24	110	4/4	8 Steps in 6 beats: 1-2-3&-4-5&-6 10 steps in 8 beats: 1-2-3&-4-5-6-7&-8 Slow vers: 7 Steps in 6 beats: 1-2-3-4-5&-6	3& = 5th pos Rock-Step On 3, tap toe; on 4 plant foot

Where the ballroom dances originated

Dance	Origin
Waltz (American Ballroom)	USA
Foxtrot	USA
Tango	Argentina
Quickstep	USA
Rumba	Cuba
Merengue	Dominican Republic
Cha-Cha	Cuba
Bolero	Cuba
Salsa	Brazil
Samba	Brazil
Single Swing	USA
Triple Swing	USA
Four Count Swing	USA
Hustle	USA
West Coast Swing	USA

Dance Instruction Notation

For the sake of brevity, clarity, and readability a set of abbreviated notations is used in this dance instruction book. The dance step instructions for each dance are broken down into a series of individual footsteps. A single dance step is comprised of several footsteps. An advanced dance pattern is comprised of several dance steps. Every dance has a basic step. That is the first step shown in this book for each dance. Material that is enclosed in square brackets [] is optional. Material that is enclosed in () is explanatory. Generally, the footstep is shown first followed by lead instructions for the man or other helpful instructions for the woman. We will explain this with the following examples.

Abbreviations and Terms Used

5th pos	fifth position: one foot behind the other, toe to heal, at a 45 degree angle
90R	means 90 degrees to the right, a ¼ turn
180L	means 180 degrees to the left (counter clockwise), a half turn
&	a syncopated step. A second footstep in the same beat of music
ah	a syncopated step. A second footstep in the same beat of music
L-	Left foot
R-	Right foot
Q	quick, which means to take a step in one beat of music
S	slow, which means to take a step in two beats of music
arnd	around
bk	step back
cw	clockwise
ccw	counter clockwise
CBM	contra body movement (upper body opposite to the direction of the feet)
devlope	woman's knee up with toe pointed down, extend leg out, foot forward and down
fwd	forward
HC	hand change
OH	overhead, as in hand overhead for a turn
prom	promenade position; man 90 degrees to left, woman 90 degrees to right
pt	point, as in point foot or point toes
relse	release; release hold
rock step	small step forward or back. Then simply shift your weight over to the other foot without moving
SH	sweetheart; lift L hand and roll her in beside you, 2-hand hold, facing same way
sm	small; take a small step
st	straight
UB	upper body, often associated with CBM
X	cross, as in cross one foot over the other
[]	optional material
()	explanatory notes

Example:

| **Waltz** | **Box Step** | beginner |

Beat	Man	Woman
Basic Box Step		
1	L-fwd	R-back
2	R-side	L-side
3	L-close	R-close
1	R-back	L-fwd
2	L-side	R-side
3	R-close	L-close

Rotate the box with slight ccw steps

In the upper left corner is the name of the dance. In this case "Waltz." In the middle of the top line is the name or category of the dance step(s), in this case the waltz "box" step. In the upper right corner is the level of the step(s), beginner, intermediate, or advanced. The name of the step is further detailed as "Basic Box Step." Thus, the Box Step is the basic step for waltz. The numerals in the left column indicate the step number and these correspond to the beats in the music. Waltz is done in ¾ time; which means three beats per measure of music. Correspondingly, waltz has three steps in each measure of music.

In the first measure, step "1" tells the man to move his left foot ("L") forward and tells the woman to move her right foot ("R") back. Step "2" tells the man to move his right foot ("R") to the side and tells the woman to move her left foot ("L") to the side. The instruction "side" means to the side of the other foot. In this case, that would be a diagonal movement for the foot, forward (or back) and to the side. The foot moved to the side is generally placed a shoulder's width apart from the other foot. Step "3" tells the man to move his left foot ("L") to close with the other foot and the same for the woman. The instruction to "close" means to put the foot immediately adjacent to the other foot.

In the second measure, step "1" tells the man to move his right foot ("R") back and tells the woman to move her left foot ("L") forward. Step "2" tells the man to move his left foot ("L") to the side and tells the woman to move her right foot ("R") to the side. Step "3" tells the man to move his right foot ("R") to close with the other foot and the same for the woman.

18

Example:
Rumba   **Woman's walk around turn**   beginner

Beat	Man	Woman
Q	L-L	R-R
Q	R-close	L-close
S	L-fwd	R-back
Q	R-R	L-L
Q	L-close	R-close
S	R-back; lift L hand for turn signal	L-fwd
Q	L-side	R-90 R & fwd
Q	R-close	L-90 R & fwd
S	L-fwd	R-90 R & fwd
Q	R-fwd w/ 90 L; face each other	L-side
Q	L-close; closed hold	R-close
S	R-back	L-fwd

The timing for Rumba is given as "quick, quick, slow." Therefor there are three steps in each measure of music. In the first measure, the first Q "L-L" tells the man to move his left foot (the first "L") to the left. For the woman "R-R" means to move her right foot (the first "R") to the right. The second Q "R-close" tells the man to move his right foot ("R") immediately adjacent to the other foot. The same for the woman. The S tells the man to move his left foot ("L") forward and tells the woman to move her right foot ("R") back. The foot movement occurs on beat three and the dancers pause in place for the fourth beat of the measure.

In the second measure, let us skip to the third step and see that after the footwork instruction for the man to move his right foot back we find the lead instruction "lift L hand." Lifting his left hand will also lift the woman's right hand, thus giving her a signal that a right turn is coming up. She does not actually start the right turn until the following step, the first step of the third measure. Note that the woman turns under her own arm.

The man's steps in the third measure are straight forward, so let us examine the woman's. All three of the woman's steps tell her to turn 90 degrees to the right and step forward. Thus, she travels three fourths of a circle.

In the fourth measure, the woman's steps are straightforward so we will examine the man's steps. The first Q tells the man to step forward and turn 90 degrees to the left and that will leave him facing the woman. The second Q tells the man to close his left foot to his right foot. After the ";" the instruction, "closed hold," means that he is to resume a standard closed hold with the woman.

Example:
Samba   **Promenade Conversa**   beginner
                                                  (Penguin Walk)

Side-to-side to promenade position

Beat	Man	Woman
1	L-FWD in prom, hips fwd	R-fwd in prom, hips fwd
ah	R-in place, hips back	L-in place, hips back
2	L-back sm	R-back sm
1	R-FWD, hips fwd	L-fwd, hips fwd
ah	L-in place, hips back	R-in place, hips back
2	R-slide back sm	L-slide back sm

Samba count is done as 1, ah, 2. The "1" step is done in ¾ of a beat. The "ah" step is done in the remaining ¼ of a beat. The "2" step is done on beat 2. Thus, Samba is a syncopated dance, fitting three steps into two beats, making it a fast and challenging dance.

In the first measure, on beat "1" the man's left foot steps forward with his hips pushed forward. The woman steps forward with her right foot and pushes her hips forward. On the syncopated "ah" they both rock back and pull their hips back. Pulling their hips back helps to cause the other foot to slide back as shown in beat "2."

This concludes the ballroom notation examples. The actual dance instruction begins in the next section.

True Ballroom Dances (Waltz, Foxtrot, Tango, Quickstep)

Keep both elbows up and out in a horizontal position. The man's right hand goes on the woman's left shoulder blade. His left hand holds her right hand at her shoulder height. Her left hand rests lightly on his upper arm. This is the "closed position." Note that the woman always holds up her own hands and arms. She does not lean them or rest them on the man. It is also important that the woman maintain "arm tone" so that she steps back properly when he steps forward. Her left arm detects his forward motion with his upper body lead. As she feels him step forward, she steps back the same amount. This requires that she maintain arm tone and not have a collapsing elbow. Otherwise, he will walk into her and step on her. She must also keep moving back until she feels his forward motion stop. If she takes too small a step and plants her foot before he has finished his step, he will step on her.

Your feet start in a closed position, heels together and toes together, pointing straight forward. You should each stand slightly to your left relative to your partner, so that you are each looking over the other's right shoulder. Take natural walking steps. When going forward that should be a heel to toe motion. When going backward that should be a toe to heal motion. Pick your feet up off the floor and walk, do not drag or slide your feet.

Waltz Style Notes

Waltz is done in ¾ time and is characterized by rise and fall. Immediately before stepping forward or back dip the knees then rise on the 1,2,3 steps. Waltz should look very light and elegant, like floating across the floor barely in touch with the floor.

When moving forward, use a heal lead. That means to land on your heal first, then roll your foot down to the toe. That gives a natural walking step of heel to toe motion. When going backward that should be a toe to heal motion. Pick your feet up off the floor and walk, do not drag or slide your feet.

Waltz   **Beginner**   beginner

Beat	**Man**	**Woman**
Basic Box Step		
1	L-fwd	R-back
2	R-side	L-side
3	L-close	R-close
1	R-back	L-fwd
2	L-side	R-side
3	R-close	L-close

Rotate the box with slight ccw steps

Walking Step		
1	L-fwd	R-back
2	R-side	L-side
3	L-close	R-close
4	R-fwd	L-back
5	L-side	R-side
6	R-close	L-close

Straight Line Walk		
1	L-fwd	R-back
2	R-fwd	L-back
3	L-fwd	R-back
4	R-fwd	L-back
5	L-fwd	R-back
6	R-fwd	L-back

Woman's Walk Around Turn (She walks ¾ of a circle)

1	L-fwd	R-back
2	R-side	L-side
3	L-close	R-close
1	R-back; lift L hand for turn signal	L-fwd
2	L-side	R-90 R & fwd
3	R-close	L-90 R & fwd
4	L-fwd	R-90 R & fwd
5	R-fwd w/ 90 L	L-side
6	L-close; closed hold	R-close

Waltz   **Third Position A**   beginner
                          (Forward & back)

Beat	Man	Woman
1	L-fwd	R-back
2	R-fwd/close, touch only; hold her from side step	L-back/close, touch only
3	L-hold	R-hold
4	R-back	L-fwd
5	L-back/close, touch only	R-fwd/close, touch only
6	R-hold	L-hold

Can repeat 2-3 times

Third Position A with Woman's Reverse Under-arm Turn

	Man	Woman
1	L-fwd	R-back
2	R-fwd/close, touch only; hold her from side step	L-back/close, touch only
3	L-hold	R-hold
4	R-back w/ 90 cw turn; lift her hand	L-fwd
5	L-back/close; lead her fwd w/ turn 180 ccw	R-fwd w/ 180 pivot ccw
6	R-fwd w/ 90 cw turn; closed hold	L-back/close

Waltz   **Closed Twinkle**   beginner
(Can be progressive or in-place)

Both people twinkle back and forth in closed hold. Use tighter turns to twinkle in place.

Beat	Man	Woman
1	L-fwd	R-back
2	R-side	L-side
3	L-close w/ 45L	R-close w/ 45L
1	R-fwd, outside on left	L-back
2	L-fwd, outside on left	R-back
3	R-close w/ 90R pivot, cw	L-close w/ 90R
4	L-fwd, outside on right	R-back
5	R-fwd, outside on right	L-back
6	L-close w/ 90L pivot, ccw	R-close w/ 90L

Repeat last 6 steps as desired

To Exit, replace step 6 above with…

6	L-close & pivot to square up w/ partner	R-close & square up

Second half of box

1	R-back	L-fwd
2	L-side	R-side
3	R-close	L-close

Waltz   **Open Twinkle**   beginner

Both twinkle back and forth with open one-hand hold.

<u>Beat</u>	<u>Man</u>	<u>Woman</u>
1	L-fwd	R-back
2	R-side	L-side
3	L-close w/ 90L pivot; turn her 90R to prom	R-close w/ 90R pivot
	Right hand hold	
1	R-fwd	L-fwd
2	L-fwd	R-fwd
3	R-close w/ 180R pivot	L-close w/ 180L pivot
	Switch to left hand hold	
4	L-fwd	R-fwd
5	R-fwd	L-fwd
6	L-close w/ 180L pivot	R-close w/ 180R pivot
	Switch to right hand hold	

Repeat last 6 steps as desired

To Exit, replace step 6 above with…

6	L-close & pivot to square up w/ partner	R-close & square up
	& resume closed hold	

Second half of box

1	R-back	L-fwd
2	L-side	R-side
3	R-close	L-close

Waltz   **Triple Twinkle**   beginner

Man stays facing left and moves forward and back.
Woman does 180 pivots to change directions, so she walks forward.

Beat	Man	Woman
1	L-fwd	R-back
2	R-side	L-side
3	L-close w/ 90L; turn her 90R to prom	R-close w/ 90R to prom
1	R-fwd, outside on left	L-fwd
2	L-fwd, outside on left	R-fwd
3	R-close; turn her 180 ccw	L-close w/ 180L pivot
4	L-back, outside on left	R-fwd
5	R-back, outside on left	L-fwd
6	L-close; turn her 180 cw to prom	R-close w/ 180R pivot

Repeat last 6 steps as desired

To Exit, replace step 6 above with…

6	L-close & pivot to square up w/ partner	R-close & square up

Second half of box

1	R-back	L-fwd
2	L-side	R-side
3	R-close	L-close

Waltz   **Promenade**   beginner

At end of a Box Step, continue with…

Beat	Man	Woman
1	L-90L/fwd in prom	R-90R/fwd in prom
2	R-slide foot slowly, ½ way to other foot	L-slide foot slowly, ½ way to other foot
3	R-slide foot slowly, to other foot, toe only	L-slide foot slowly, to other foot, toe only
1	R-fwd in prom	L-fwd in prom
2	L-fwd/side, face her	R-fwd/side, face him
3	R-close	L-close

Waltz Promenade with Woman's Devlope Step

Beat	Man	Woman
1	L-90L/fwd in prom	R-90R/fwd in prom
2	R-slide foot slowly, ½ way to other foot	L-knee up (pt toes dn)
3	R-slide foot slowly, to other foot, toe only	L-foot out (point toes)
1	R-fwd in prom	L-fwd step
2	L-fwd/side, face her	R-fwd/side, face him
3	R-close	L-close

Waltz   **Pass Back and Forth**   beginner

Man passes woman back and forth diagonally down the Line of Dance (LOD)

Beat	**Man**	**Woman**
1	L-fwd	R-back
2	R-side	L-side
3	L-close; turn her 90+45 R (to prom + 45) Right hand on her back	R-close w/ 90+45 R pivot (prom+45 angle dn LOD)
1	R-fwd small; lead her diagonally fwd/L	L-fwd
2	L-fwd small	R-fwd
3	R-fwd small; lead her ¾ of a circle ccw Switch to left hand on her back	L-close w/ ¾ circle pivot ccw
4	L-fwd small; lead her diagonally fwd/R	R-fwd
5	R-fwd small	L-fwd
6	L-fwd small; lead her ¾ of a circle cw Switch to right hand on her back	R-close w/ ¾ circle pivot cw

Repeat last 6 steps as desired

To Exit …

1	R- fwd small; lead her fwd/L	L-fwd w/ 45 L
2	L- fwd small; lead her fwd/L to square up	R-fwd w/ 90 L to face him
3	R- fwd small; closed hold	L-close

Basic Box

Waltz   **Outside Progressive Chasse**   interm
(similar to grapevine)

Beat   **Man**   **Woman**
Basic box, end with 45 cw angle

1	L-back, outside her (to your R)	R-fwd outside him
2	R-back, outside her (to your R)	L-fwd outside him
3	L-close w/ 90L pivot	R-close w/ 90L pivot
4	R-fwd, outside her (to your L)	L-back outside him
5	L-fwd, outside her (to your L)	R-back outside him
6	R-close w/ 90R pivot	L-close w/ 90R pivot

Do above 6 steps, 2 times

Basic Box step

Waltz   **Devlope**   interm

Beat	Man	Woman
Closed/Progressive Twinkle to Devlope		
1	L-fwd	R-back
2	R-side	L-side
3	L-close w/ 45L	R-close w/ 45L
1	R-fwd, outside on left	L-back
2	L-fwd, outside on left	R-back
3	R-close w/ 90R	L-close w/ 90R
1	L-fwd/long/low; Stop & rise up	R-back
2	hold	L-knee up, point toe down
3	hold	L-leg out straight, point toe
1	R-rock back	L-foot down
2	L-back w/ 90L	R-fwd w/ 90L
3	R-close	L-close

Woman's U/A Turn to Open Devlope

Beat	Man	Woman
1	L-fwd	R-back
2	R-side	L-side
3	L-close w/ 45L	R-close w/ 45L
1	R-fwd, outside on left	L-back
2	L-fwd, outside on left	R-back
3	R-close w/ 90R; lift L hand	L-close w/ 90R
1	L-fwd; turn her 90R cw U/A	R-back 90R U/A
2	R-fwd; turn her 90R cw	L-fwd 90R
3	L-close w/ 90L; turn her 90R cw	R-close 90R
	2-hand hold, facing each other	
1	R-fwd	L-back
2	L-fwd	R-back
3	R-close w/ 90R	L-close w/ 90R
1	L-fwd/long/low; Stop & rise up	R-back
2	hold	L-knee up, point toe down
3	hold	L-leg out, point toe
1	R-rock back	L-foot down
2	L-back w/ 90L	R-fwd w/ 90L
3	R-close; closed hold	L-close

Waltz   **Side Step Traveler**   interm

Beat	Man	Woman
1	L-fwd	R-back
2	R-side	L-side
3	L-close; release R hand	R-close
1	R-R w/ 90 R turn	L-L w/ 90 L turn
2	L-fwd, w/ 45 R turn	R-fwd w/ 45 L turn
3	R-close (slightly back to each other)	L-close
4	L-L w/ 90 L turn	R-R w/ 90 R turn
5	R-fwd, w/ 45 L turn	L-fwd w/ 45 R turn
6	L-close; facing each other, touch palms	R-close

Do last 6 steps twice

Beat	Man	Woman
1	R-R w/ 90 R turn	L-L w/ 90 L turn
2	L-fwd, w/ 90 R turn; release L hand	R-fwd w/ 90 L turn
3	R-pivot 180 cw; facing each other	L-pivot 180 ccw
1	L-cross over R	R-cross over L
2	R-side	L-side

[option 1, simple exit]

Beat	Man	Woman
3	L-close; closed hold	R-close
4	R-back	L-fwd
5	L-side	R-side
6	R-close; **END**	L-close

[option 2, more complex exit]

Beat	Man	Woman
3	L-close & pivot to promenade; closed hold	R-close & pivot to prom

Promenade chasse

Beat	Man	Woman
1	R-fwd	L-fwd
2	L-fwd	R-fwd
&	R-fwd ½ step, close to L foot	L-fwd ½ step, close to R foot
3	L-fwd	R-fwd

Do above 4 steps 2 times

Beat	Man	Woman
1	R-fwd	L-fwd
2	L-fwd w/ 90 R turn, face her	R-fwd w/ 90 L turn, face him
3	R-close, closed hold	L-close

Basic Box Step

Waltz   **Walk Around Turn for two**   interm

Lead like woman's walk around turn. Both people keep walkng in opposite directions for a total of 12 steps. Steps 10-12 are: cross, side, close. Then finish with 2nd half of box

Beat	Man	Woman
1	L-fwd	R-back
2	R-side step	L-side step
3	L-close to right foot	R-close to left foot
1	R-back; lift L hand for turn signal	L-fwd
2	L-side step; lead her to your left	R-fwd w/ 90 R
3	R-close to left foot	L-fwd w/ 90 R
4	L-fwd w/ 90 degree L; U/A turn to L of her	R-fwd w/ 90 R
5	R-fwd w/ 90 degree L	L-fwd
6	L-fwd w/ 90 degree L	R-fwd
7	R-fwd	L-fwd
8	L-fwd	R-fwd
9	R-fwd w/ 90 degree L	L-fwd w/ 90 R turn
10	L-cross over right	R-cross over L
11	R-R/side	L-L/side
12	L-close; closed hold	R-close
1	R-back	L-fwd
2	L-side	R-side
3	R-close	L-close

Basic Box

Waltz   **Shadowed Twinkle**   interm

The man switches to her footwork and shadows her in a back and forth twinkle.

Beat	**Man**	**Woman**
123	½ Box, switch to 2-hand hold	

Set up Sweetheart

	Man	Woman
1	R-back; Lead her to SH on your R & slightly fwd of you	L-fwd 90L
2	L-close	R-back 90L into SH
3	hold; pivot 90L	L-close w/ pivot 90L

Twinkle

	Man	Woman
1	R-fwd	R-fwd
2	L-fwd	L-fwd
3	R-close & pivot both of you 180R	R-close & pivot 180R
4	L-fwd	L-fwd
5	R-fwd	R-fwd
6	L-close & pivot both of you 180L	L-close & pivot 180L

Repeat above 6 steps several times

To Exit, replace step 6 above with…

	Man	Woman
6	L-close & pivot 90L to square up w/ partner	R-close & square up

Release L hand, turn her out with R hand and R forearm

	Man	Woman
1	R-fwd	R-fwd 90R
2	L-fwd	L-back 90R, face him
3	hold (switch back to man's footwork)	R-close
4	R-back; lead her fwd to closed hold	L-fwd
5	L-side	R-side
6	R-close	L-close

fwd into basic box

Waltz   **Butterfly**   interm

Turn round and round each other down the LOD

This step introduces a new foot movement called "Brush to Promenade." Learn it well since it will come back again several times in additional dance steps.

Beat	Man	Woman

Brush to Promenade

1	L-fwd	R-back
2	R-side	L-side
3	L-start to close, then point 90L & brush L ft lightly on floor while sliding it fwd	R-st to close, then brush 90R to promenade

Butterfly

1	R-fwd 90R, across in front of her	L-fwd sm, down LOD
2	L-to R foot w/ 90+R	R-fwd/close
3	R-turn 90+R (she is on your L)	L-fwd (even w/ him)
4	L-fwd sm, down LOD; lead her across in front of you	R-fwd 90R, across him
5	R-fwd/close	L-to R foot w/ 90+R
6	L-fwd (even w/ her, she is on your R)	R-turn 90+R

Repeat above 6 steps several times

To exit…

1	R-fwd sm; Lead her in front, facing	L-fwd, in front of him
2	L-side L sm	R-fwd, turn to face him
3	R-close; closed hold	L-close

fwd into basic box

34

Waltz   **Turn Combo**   interm

A progressive step to move down the LOD
Pattern: L turn, L Link; R turn, R link

Beat	**Man**	**Woman**

Start at 45 degree angle toward the center of the dance floor

Left Turn

Beat	Man	Woman
1	L-fwd w/ 1/8 turn L (45 degrees)	R-back w/ 1/8 turn L (45 deg
2	R-side step	L-side step
3	L-close to right foot w/ 1/4 turn L	R-close w/ 1/4 turn L
4	R-back w/ 1/8 turn L (45 degrees)	L-fwd w/ 1/8 turn L (45 deg
5	L-side step	R-side step
6	R-close to left foot w/ 1/4 turn L	L-close w/ 1/4 turn L

Left Link

Beat	Man	Woman
1	L-fwd	R-back
2	R-side	L-side
3	L-close	R-close

Right Turn

Beat	Man	Woman
1	R-fwd w/ 1/8 turn R (45 degrees)	L-back w/ 1/8 turn R (45 deg
2	L-side	R-side
3	R-close to left foot w/ ¼ turn R	L-close to R foot w/ ¼ turn R
4	L-back w/ 1/8 turn R (45 degrees)	R-fwd w/ 1/8 turn R (45 deg
5	R-side	L-side
6	L-close to right foot w/ 1/4 turn R	R-close w/ ¼ turn R

Facing same way as start

Right Link

Beat	Man	Woman
1	R-fwd	L-back
2	L-side	R-side
3	R-close	L-close

Basic Box

Waltz   **Promenade Right Turn**   interm

Make one complete 360 degree turn around each other, while moving down LOD

Beat	Man	Woman
Brush to Promenade		
1	L-fwd	R-back
2	R-side; turn her to prom	L-side, turn right to prom
3	L-brush to prom	R-brush to prom
1	R-fwd w/ 90 R across in front of her	L-fwd, small
2	L-close to R foot w/ 90 R (outside on L)	R-fwd, small
3	R-back w/ 90 R; turn her to face you	L-fwd w/ 90 R
4	L-fwd w/ 90 R into her; turn her	R-back w/ 90 R
5	R-fwd w/ 90 R; turn her	L-back w/ 90 R
6	L-side	R-side
1	R-cross over L	L-cross over R
2	L-side	R-side
3	R-close	L-close

End facing same direction as start, but down the LOD

Do Basic Box

Waltz **Half Box to Rev Under-arm Turn** interm

Beat	Man		Woman
1	L-fwd		R-back
2	R-side step		L-side step
3	L-close to right foot; lift L hand up & R		R-close to left foot
4	R-in place; lead her to rev U/A turn		L-reverse (ccw)…
5	L-follow her		R-… underarm…
6	R-close to left foot; closed hold		L-…turn, close to right foot

Can do this two times, then basic box

Waltz **Open 5th to Woman's U/A Turn** interm

Beat	Man		Woman
1,2,3	half box		same
4	R-R, slightly back; extend R hand		L-L; extend L hand
5	L-5th pos open break (1)		R-5th pos open break
6	R-in place		L-in place
1	L-L; lift L hand & turn her cw 90		R-90R into turn to R
2	R-5th pos; turn her cw 90		L-fwd 90R
3	L-in place; turn her cw 180		R-back 180R, face him
4	R-R; closed hold		L-L
5	L-5th pos		R-5th pos
6	R-in place		L-in place
1	L-fwd 90L; swing her in front of you		R-fwd 90L
2	R-side		L-side
3	L-close		R-close
1	R-back		L-fwd
2	L-side		R-side
3	R-close		L-close

Footnote (1):
5th pos means one foot behind the other, toe to heal, at 45 degree angle
Open break means you are in an open position (hand hold), not a closed hold

Waltz   **Spot Turn**   interm

Both do a series of 180 degree turns around each other "on the spot" (not traveling)

Beat	Man	Woman
1,2,3	half box	same
1	R-R, slightly back; extend R hand	L-L, extend L hand
2	L-5th pos open break	R-5th pos open break
3	R-in place	L-in place
4	L-L; lead her fwd bet your feet; clsd hold	R-fwd bet his feet
5	R-pivot both of you 180 cw	L-pivot 180 cw
6	L-close	R-close

Do above 6 steps 3 times

Exit

	Man	Woman
1	R-R; closed hold	L-L (note closed hold)
2	L-5th pos	R-5th pos
3	R-in place	L-in place
1	L-fwd 90L; swing her 90L in front of you	R-fwd 90L
2	R-side	L-side
3	L-close	R-close
456	2nd half of box step	

38

Waltz   **Multi-Turns**   interm

Both do a series of 180 degree turns around each other traveling to man's left

Beat	Man	Woman
1,2,3	half box	same
1	R-R, slightly back; extend R hand	L-L; extend L hand
2	L-5th pos open break	R-5th pos open break
3	R-in place	L-in place
1	L-L; lead her fwd bet your feet; clsd hold	R-fwd bet his feet
2	R-pivot both of you 180 cw; hold her close	L-pivot 180 cw
3	L-pivot both of you 180 cw; hold her close	R-pivot 180 cw
4	R-pivot both of you 180 cw; hold her close	L-pivot 180 cw
5	L-pivot both of you 180 cw; hold her close	R-pivot 180 cw
6	R-close	L-close
1	L-fwd for Basic Box	

Waltz   **Tandem Walk**   interm

She walks down the LOD in front of him

Beat	Man	Woman
123	½ a std box	
4	R-back; lift L hand	L-fwd
5	L-side	R-90R/fwd
6	R-close; extend R hand in front of her	L-90R; take his hand
1	L-fwd, down LOD	R-fwd,
2	R-fwd; slowly pass arm overhead	L-fwd
3	L-fwd; extend L hand in front of her	R-fwd; switch hands
4	R-fwd	L-fwd
5	L-fwd; slowly pass arm overhead	R-fwd
6	R-fwd; extend R hand in front of her	L-fwd; switch hands
1	L-fwd,	R-fwd,
2	R-fwd; slowly pass arm overhead	L-fwd
3	L-fwd; extend L hand in front of her	R-fwd; switch hands
4	R-fwd	L-fwd
5	L-fwd small; turn her cw	R-turn 90 cw
6	R-fwd small; closed hold	L-turn 90 cw to face him

Basic Box step

Waltz   **Outside Right Turn**   interm

Walk down LOD outside each other to a 360 degree turn around each other

Beat	Man	Woman
After a basic box		
1	L-fwd, outside woman to your left	R-back
2	R-fwd, outside woman to your left	L-back
3	L-fwd, outside woman to your left	R-back
4	R-fwd	L-back
5	L-fwd & pivot both of you 180 cw	R-back w/ 180 cw pivot
6	R-back, still outside woman	L-fwd
1	L-L across in front of her to other side	R-fwd bet his feet
2	R-back & pivot both of you 180 cw	L-fwd w/ 180 cw pivot
3	L-fwd, outside woman to your right	R-back
4	R-fwd	L-back
5	L-side long, in front of her	R-side
6	R-close; square up	L-close

Basic Box step

Waltz   **Open Side Locks**   interm

Open, counter-promenade position, with side lock steps and pivot turns to move sideways down the Line of Dance (LOD). Step travels to the man's left from his start position.

Beat	Man		Woman
1,2,3	half box, with L side toward the LOD		

Cross body lead

	Man	Woman
1	R-back w/ 90 ccw; lead her across, right to left	L-fwd across in front of him
2	L-side	R-fwd w/ pivot 90 ccw
3	R-close; release R hand	L-pivot 180 ccw, beside him

Open, counter promenade (woman on left)

	Man		Woman
1	L-fwd	side-by-side	R-fwd
2	R-fwd w/ 90L, face her,		L-fwd w/ 90R, face him,
	R arm in ccw circle,		L arm in cw circle
	start from low R		
3	L-cross behind R (side lock)		R-cross behind L

Pivot

	Man	Woman
1	R-R; lead her w/ L hand to pivot	L-L
2	L-pivot 180 cw, traveling	R-pivot 180 ccw, traveling
3	R-pivot 180 cw, traveling	L-pivot 180 ccw, traveling

Cross, side, close

	Man	Woman
1	L-cross in front of R (side lock)	R-cross in front of L
2	R-side	L-side
3	L-close; closed hold	R-close

Can repeat last six steps

	Man	Woman
1	R-back	L-fwd
2	L-side	R-side
3	R-close	L-close

Basic box

Waltz   **Open Devlope**   interm

Woman's Devlope from open handhold instead of closed hold

<u>Beat</u>	<u>Man</u>	<u>Woman</u>

Brush to Promenade

Beat	Man	Woman
1	L-fwd	R-back
2	R-side; turn her to prom	L-side, turn right to prom
3	L-brush to prom	R-brush to prom

Cross Body Lead

Beat	Man	Woman
1	R-fwd sm in prom; lead her fwd	L-fwd in prom
2	L-fwd sm; lead her fwd w/ 180R pivot, both hands to hold her R	R-fwd w/ 180R pivot; R lands back facing him
3	R-close	L-close

Open Devlope

Beat	Man	Woman
1	L-hold	R-knee up, toes point down
2	R-hold	L-out, in devlope off to his L
3	L-Sq up; Bring her to closed hold	R-dn w/ 90R turn, face him
1	R-back in 2nd half of box	L-fwd in 2nd half of box

Waltz   **Simple Promenade Side Switches**   advanced

Similar to Pass Back and Forth step except you maintain a handhold

Beat	Man	Woman
Brush to Promenade		
1	L-fwd	R-back
2	R-side	L-side
3	L-brush to promenade	R-brush to promenade
1	R-fwd in prom	L-fwd in prom
2	L-side; her hand L in your R	R-side
3	R-close; turn her 90+45 L ccw, down LOD	L-close, turn 90+45 L ccw,
	L hand on her back	face diag down LOD,
		R hand up
Promenade side-to-side switches		
1	L-fwd sm; lead her across in front (L to R)	R-fwd/R long
2	R-fwd sm; lead her turn 180R	L-fwd w/ 180 R pivot
3	L-close; lead her turn 90R	R-back/close w/ 90 R pivot,
		R hand out
4	R-fwd sm; lead her across in front (R to L)	L-fwd/L long
5	L-fwd sm; lead her turn 180L	R-fwd w/ 180 L pivot
6	R-close; lead her turn 90L	L-back/close w/ 90 L pivot
	L hand on her back	R hand up

Repeat last 6 steps 2-3X

Walk Her Around in Front		
1	L-fwd sm; lead her fwd/R	R-fwd/R
2	R-fwd sm; lead her turn 90R, closed hold	L-fwd/90R
3	L-close, square up; lead her turn 45R	R-close 45R (face him)
1	R-back to 2nd half of box	L-fwd to 2nd half of box

Waltz   **Promenade Side Switches**   advanced

Beat	Man	Woman
Brush to Promenade		
1	L-fwd	R-back
2	R-side; turn her to prom	L-side, turn right to prom
3	L-brush to prom	R-brush to prom
Cross Body Lead		
1	R-fwd sm in prom	L-fwd in prom
2	L-fwd sm; turn her; both hands to hold her R	R-fwd w/ 180L
3	R-close	L-close
Open Devlope		
1	L-hold	R-knee up, point toes down
2	R-hold	L-out, in devlope
3	L-hold	R-down, toe touch only
Promenade side-to-side switches		
1	L-back/R; Lead her fwd (L to R)	R-fwd long, across him
2	R-close; spin her arnd to your R side	L-fwd w/ 180 R pivot
3	L-fwd (side-by-side, inside-hand hold)	R-back/side w/ 90 R pivot R slightly fwd, R arm out
1	R-fwd sm; lead her across in front (R to L)	L-fwd/L; long (R arm down)
2	L-fwd sm; turn her ccw	R-fwd w/ 180 L pivot
3	R-fwd sm; L hand on her back	L-back/side w/ 90 L pivot L slightly fwd, R arm up
4	L-fwd sm; lead her across in front (L to R)	R-fwd/R long; R arm dn
5	R-fwd sm; turn her cw	L-fwd/180R pivot, R arm out
6	L-fwd sm	R-back/side w/ 90 R pivot R lands slightly fwd

Repeat last 6 steps 2-3X

Beat	Man	Woman
Free spin [Option 1]		
1	R-fwd sm; lead her fwd/L in spin	L-fwd/L long
2	L-fwd sm	R-fwd w/ 180 L pivot
3	R-fwd sm; follow her	L-back w/ 180 L pivot
1	L-fwd, step into her for clsd hold box step	R-fwd w/ 180 L pivot to face him, R ft back
Walk Around Front [Option 2 – simple]		
1	R-fwd sm; lead her fwd/L	L-fwd 90L
2	L-fwd sm	R-fwd 45L (face him)
3	R-fwd sm; follow her	L-close
1	L-fwd, step into her for clsd hold box step	R-back

Waltz   **Walk Around**   advanced

Beat	Man	Woman

Forward Walk

Beat	Man	Woman
1	L-fwd	R-back
2	R-side	L-side
3	L-close	R-close
4	R-fwd/90R between her feet	L-back/90R
5	L-side	R-side
6	R-close	L-close

Back Walk

Beat	Man	Woman
1	L-back	R-fwd
2	R-side	L-side
3	L-close	R-close
4	R-back	L-fwd
5	L-side	R-side
6	R-close	L-close

Woman walks around behind man

Beat	Man	Woman
1	L-L; Lead her fwd on your R side	R-fwd/L toward his R side
2	R-close; Lead her arnd behind you	L-fwd, walk around him cw
3	L-R, x behind; L hand over your head	R-fwd, walk around him cw
4	R-side; Lead her out to your L side	L-fwd, walk around him cw
5	L-R, x behind	R-fwd, walk out to his left side
6	R-close side-by-side	L-fwd, face fwd, beside him

Woman curls in front of man

Beat	Man	Woman
1	L-L; Lead her R across in front of you	R-90R across in front of him
2	R-L x-behind; cont to lead her R	L-fwd across in front of him
3	L-close; Spin her 180 ccw U/A; Catch her back w/ your R hand, she's facing L	R-close, Pivot 180L ccw on L ft Extend L hand Straight up
4	R-R; Lead her fwd to L	L-fwd, pull L hand down
5	L-R x-behind; cont to lead her L	R-fwd
6	R-close; Spin her 90cw to face front	L-close, pivoting 90R on R foot

Woman's circle walk back in front of him

Beat	Man	Woman
1	L-L; Lead her in cw circle walk	R-fwd
2	R-L x-behind	L-fwd/R
3	L-L/close	R-fwd
4	R-R	L-Walk…
5	L-R x-behind	R- …around…
6	R-R	L-close …to face him

Basic Box

46

Waltz   **Fencing check**   advanced
                                          (Goes Right)

Beat	Man	Woman

Fallaway Slip & Double Reverse Spin

1	L-fwd	R-back
2	R-fwd/side w/ 90 L	L-back/side
3	L-x behind R, long, dn the floor w/ CBM (L shldr fwd)	R-X behind L
1	R-slide back/R, backing across her (pivot her) Turn body 90 ccw (wt on toes)	L-fwd/90L between his feet (face down LOD)
2	L-fwd/L, bet her feet (after pivoting her 180) (Face dn LOD)	R-fwd long, piv 180L on L ft, go arnd him, R of his fwd ft
3	R-fwd/side w/ 90 L, Step arnd her (in close)	L-close to R & pivot 180 L (Face dn LOD)
1	L-draw to R ft & pivot 270 L (lead her out to side)	R-R w/90L (other side of him
2	R-lower Heal (Face dn LOD)	L-Xover R
3	L-fwd bet her feet; Lead her L in front of you	R-fwd w/ 90L, across him (face up LOD)

Chasse

1	R-fwd/side w/ 90L ccw	L-back/side w/ 90L ccw
2	L-X-behind-R (in tight)	R-X-behind-L (in tight)
3	R-fwd (Xover)	L-fwd Xover
1	L-fwd/side; square up w/ 2-hand hold	R-R/side
2	R-close	L-close
3	L-L; do sm cw circle w/ L hand	R-R

Fencing Check – extend arms in fencing check

1	R-fwd/Xover ; L arm fwd, R back	L-Xover; R arm fwd, L back
2	hold	hold
3	L-rock back on L	R-Rock back on R

Sweetheart

1	R-back; lead SH	L-back w/ 90L ccw
2	hold	R-fwd w/ 180L, in SH
3	L-rock fwd; relse L hand	L-back sm
1	R-fwd/Xover, roll her out	R-fwd w/ toe pt R (roll out)
2	hold	L-fwd w/ 90R cw
3	L-fwd	R-back/90R (face him)

Woman's Free Spin

1	Rock back; lead her fwd/L across in cw Free spin, relse R hand	L-fwd w/ 180R pivot
2	Rock fwd	R-back w/ 180R pivot
3	R-close; closed hold into box step	L-close

Waltz   **Syncopated spins to devlope**   advanced
(Goes Left)

Beat	Man	Woman
Open counter promenade		
1	L-fwd	R-back
2	R-fwd/side	L-back/side
3	L-brush to prom	R-brush to prom
1	R-fwd/R long arnd her	L-fwd
2	L-fwd/L	R-fwd
3	R-push off, pivot 180+, land on her R side	L-fwd
	Facing dn LOD (side-by-side, 1-hand hold)	
Traveler		
1	L-fwd	R-fwd
2	R-fwd/90L (facing); R hand touch	L-fwd/90R, L hand touch
3	L-X behind R	R-X behind L
Double syncopated spins (continuous spins, don't pause)		
1	R-R w/ 90R; relse L hand	L-L w/ 90L
2	L-push off; pivot 180 cw	R-fwd w/ 180 L ccw pivot
&	R-push off; pivot 180 cw	L-back w/ 180 L ccw pivot
3	L-push off; pivot 180 cw	R-fwd w/ 180 L ccw pivot
&	R-push off; pivot 90 cw	L-back w/ 90 L ccw pivot
	L hand catches her R; facing ea other	
Shadow Sway Right		
1	L-Xover R	R-Xover L
2	R-R	L-L w/ 90R cw pivot
&	L-close (or pass); lead her in U/A turn cw	R-back w/ 180 R cw pivot
3	R-R sm; toe touch only (facing)	L-fwd/side w/ 90 R cw pivot
1	R-fwd w/ 90L; sway R, R arm out	R-back/side/90R; sway R w/
	X-body, 1-hand hold	L toe pt'd L
		L arm across over R arm
2	hold	hold
3	hold	hold
Foot change spin (switch sides)		
1	lead her L across you w/ L ccw turn	L-fwd/L
	L-Xover R	
2	R-R;	R-Fwd w/ 180 L ccw pivot
3	L-pivot L to face her	L-close, toe touch only

48

Waltz   Syncopated spins to devlope   pg 2

Open Devlope

1	R-wt shift; use both hands to hold her R	R-knee up, point toes down
2	L-hold	L-out, in devlope
3	R-hold	R-down, toe touch only

Promenade side-to-side switches

1	L-back/R; Lead her fwd (L to R)	R-fwd long, across him
2	R-close; spin her arnd to your R side	L-fwd w/ 180 R pivot
3	L-fwd (side-by-side, inside-hand hold)	R-back/side w/ 90 R pivot R slightly fwd, R arm out

1	R-fwd sm; lead her across in front (R to L)	L-fwd/L; long (R arm down)
2	L-fwd sm; turn her ccw	R-fwd w/ 180 L pivot
3	R-fwd sm; L hand on her back	L-back/side w/ 90 L pivot L slightly fwd, R arm up

4	L-fwd sm; lead her across in front (L to R)	R-fwd/R long; R arm dn
5	R-fwd sm; turn her cw	L-fwd/180R pivot, R arm out
6	L-fwd sm	R-back/side w/ 90 R pivot R lands slightly fwd

Repeat last 6 steps 2-3X

Free spin

1	R-fwd sm; lead her fwd/L in spin	L-fwd/L; long
2	L-fwd sm	R-fwd w/ 180 L pivot
3	R-fwd sm; follow her	L-back w/ 180 L pivot

| 1 | L-fwd, step into her for clsd hold box step | R-fwd w/ 180 L pivot to face
   him, R ft back |

Waltz   **Contra Check (w/ opp Big Top)**   advanced
(starts right)

Beat	Man	Woman
Fallaway		
1	L-fwd	R-back
2	R-fwd/side w/ 90 L	L-back/Side w/ 90 L
3	L-back/x-behind (draw her outside on your R)	R-fwd, outside him Starts R
Chasse		
1	R-back w/ 90 L (Bring her in front of you)	L-fwd w/ 90 L, st into him
2	L-L	R-R
&	R-close	L-close
3	L-fwd/L @ 45 Angle	R-back/R @ 45 Angle
1	R-fwd, pt toe 45 R, step outside her	L-back, outside him
2	L-fwd/side w/ 90 R	R-back/Side w/ 90 R
3	R-close (R shldr fwd)	L-close (face him, down LOD)
Spin Turn (360)		
1	L-L/back sm (start R turn)	R-fwd, deep between his feet
2	R-push off, pivot 180 R, land fwd bet her feet	L-fwd, swing arnd 180 R (cw) L lands back/side, feet apart
3	L-fwd, swing 180 R, Land back (not to side)	R-back/close/brush, pivot 180, fwd bet his feet
R Turn Lock (360)		
1	R-back (behind L) w/ 45 turn R	L-fwd w/ 45 turn R
&	L-X Over w/ 45 turn R	R-X Behind w/ 45 turn R
2	R-R/fwd (Between her feet)	L-fwd w/ 90 R pivot, land to side, feet apart
3	L-fwd/180 R, land back (not to side)	R-back/close/brush, pivot 180 R, fwd bet his feet
R Turn Lock To Prominade (180)		
1	R-back (behind L) w/ 45 turn R	L-fwd w/ 45 turn R
&	L-X over w/ 45 turn R	R-X behind w/ 45 turn R
2	R-R w/ 90 turn R	L-L w/ 90 turn R
3	L-brush to prom	R-brush to prom
Promenade Walk [Option 1]		
1	R-fwd	L-fwd
2	L-fwd/90R, face her	R-fwd/90L, face him
3	R-close	L-close
Big Top [Option 2]		
1	R-fwd, slight x-over, pt toe 45 R	L-fwd, pt toe 45 L
2	Pivot 180 L & swing her arnd to your R side L-X Behind	R-fwd & swing arnd 270R Land w/ feet apart, to his R @ 90 angle
3	R-back/side w/ 90 L (face her)	L-close to R (on toes) pivot 180L

50

Contra Check

1	L-fwd	R-back
2	hold	Lean back on R toes; head L
3	hold	hold

1	R-rock back	L-rock fwd
2	L-back/side	R-fwd/side
3	R-close	L-close

Waltz   **Hairpins to Challenge Line**   advanced
                                    (starts right)

Beat	Man	Woman

Fallaway

		R-back
1	L-fwd	L-back/side w/ 90 L (starts R)
2	R-fwd/side w/ 90 L	R-fwd, outside him
3	L-back/x-behind (draw her outside on your R)	

Roll Her To Shadow Position

1	R-back Long 90L, across her; Relse R hand	L-fwd w/ 90L inside his fwd ft
2	L-back toe touch only; w/ L hand spin her ccw180	R-fwd, pivot 180 L, beside him
3	L-fwd/L; R arm arnd her waist, L hand hold her L	L-fwd, beside him; ext R arm
		(side-by-side)

Shadow Hairpin

1	R-fwd	R-fwd
2	L-fwd	L-fwd
3	R-fwd w/ 90 R	R-fwd w/ 90 R

Syncopated Shadow Hairpin

1	L-back, L lands back short	L-back, L lands back long
&	R-back/side point R (behind her)	R-bk/side long, face down LOD
	Bring her across to your R side	Move across to his R side
2	L-X-over, long w/ 90 R (outside on her L)	L-cross-over, short w/ 90 R
3	R-fwd long w/ 90 R (go arnd her)	R-fwd w/ 90 R
	Bring L foot along behind R	Bring L foot along behind R

Rollout to Facing Position

1	L-back	L-back, start R turn
2	R-back/side w/ 90 R, Toe touch only	R-bk/side 90R (in front of him)
	Relse L hand, free spin her cw w/ R hand	
3	R-R (to stay w/ her) Resume closed hold	L-pivot 180R (face him),
		L ft out to side; extend L arm

Fallaway Slip & DBL Rev Spin (like st of fencing check)

1	L-fwd (outside her)	R-bk/90R,outside,facing up lod
2	R-fwd/side w/ 90 L (don't turn her)	L-back (cont. facing up LOD)
3	L-X behind R, long, dn the floor (don't turn her)	R-X behind L (body R, head L)
	w/ CBM (L shldr fwd)	
1	R-slide back/R, backing across her (pivot her)	L-pivot 180L, fwd bet his feet
	turn body 90 ccw (wt on toes)	(face down LOD)
2	L-fwd/L, bet her feet (after pivoting her 180)	R-fwd long, pivot 180L on L ft,
	(face down LOD)	R lands back/R, R of his fwd ft
		swing arnd him, face up LOD
3	R-fwd/side w/ 90 L, step arnd her (in close)	L-close, pivot 180L, face dn lod
1	L-draw to R ft & pivot 270 L (lead her out to side)	R-fwd/side w/ 90L (to other side
		of him)
2	R-lower heal (face down LOD)	L-Xover R (collect ft in front)
3	L-fwd bet her feet	R-R/side, down LOD, 90L
		(face up LOD)

Challenge Line

1	R-push off, pivot 180L, R lands back sm	L-push, pvt 180L, L lands fwd twd him
2	L-back/side w/ 90 L; R toe pt'd (face her)	R-fwd/side w/ 90 L (face him)
3	bend L knee, turn in place 90 L,	L-X behind R w/ 90 L, L back long
	R leg straight/back, toe pt'd, dip her	toe touch only, turn head L
1,2,3	hold	hold
1	rise up, straighten L leg;	L-close to R, pivot 180 R, toe touch
	Slide R ft in, turn 90 R (pivot her 180 R)	(facing down LOD)
2	draw R ft to L (close) on toes of both ft	L-fwd (wt on R) 90 angle to him
3	wt to R ft, L-L toe touch only	lean back w/ head L, twist UB R, head R
	Rotate UB R, Twist her R	
1,2,3	hold	hold
1	shift wt to L ft (lead her L/across)	L-fwd (across him)
2	turn her 180 ccw, outside you	R-fwd/close w/ 180 swivel L (up LOD)
3	R-close to L foot w/ 90L (dn LOD)	L-wt shift in place
1	L-back, w/ 90R, bring her fwd outside on R	R-fwd/R w/ 90 R arnd him
2	R-push off, pivot 180 R arnd her	L-fwd/side w/ 90R, close R to L w/ 90R
		(R toe touch only)
3	L-fwd w/ 90 R, L lands back/side	R-R/fwd just inside his fwd foot
	(face down LOD)	(face up LOD)

W's Ronde to Walk-around

1	wrap her around your leg	L-fwd, wrap arnd his leg (pivoting 90 R)
	R-fwd/R lunge bet her ft	swing R ft out around cw 180
2	L-L	R-land behind left in back Xover
3	relse R hand; L hand OH, lead her L behind you	L-L walk behind him
	wt to R ft	
1	L-Xover, pt L	R-fwd/R; walk arnd him
2	R-Close to L w/ 90 L (dn LOD) R hand touch	L-fwd/side (face him) L hand touch
3	L-X behind R	R-X behind L

Traveler

1	R-R w/ 90 R	L-L w/ 90 L
2	L-fwd/side w/ 90 R	R-fwd/side w/ 90 L
3	R-back/side w/ 180 R	L-back/side w/ 180 L
1,2,3	LRL Cross-side-close	RLR Cross-side-close
1	R-back in 2nd half of box	L-fwd
2	L-side	R-side
3	R-close	L-close

Waltz   **Ronde**   advanced
                             (goes L)

1,2,3   Brush to promenade, then…

Beat	Man	Woman
1	R-fwd 90R, across in front of her	L-fwd sm, down LOD
2	L-fwd/side w/ 90R (face up LOD)	R-fwd/close
3	R-close	L-fwd (even w/ him)

Outside Spin
1	L-back sm	R-fwd/long, outside on his R
2	R-fwd/outside w/ 180 cw pivot & CBM	L-close & pivot 180R cw (face up LOD)
3	L-fwd w/ 180 cw pivot, pt R toe R, bend knees for drive off in step 4; lead her fwd/R	R-fwd/90R between his feet

Dual Ronde
        Wrap her arnd your R leg
4	R-fwd/R lunge bet her ft	L-fwd, wrap around his leg (pivoting 180 R)
	R leg pushes her R leg, drive off L ft, Swing L ft out around cw 180	Swing R ft out arnd 180R
5	L-land in front of her w/ fwd body pos, facing her, foot to L of her fwd ft, leaning fwd L	R-land behind L in bk-xover
6	R-X behind L	L-L

Twist to Promenade
1	pivot in place 180 cw to unwind	R-fwd/R w/ 90R around him
2	finish pivot	L-fwd/side w/ 90R arnd him
3	L-fwd in promenade	R-brush to promenade

4,5,6 Cross, side, close to end in closed hold

Waltz   **Same Foot Lunge**   advanced
                                        (starts left)

Beat	Man	Woman
1-3	Brush to Promenade	

starts L

Promenade Spin

1	R-fwd; Lift L hand	L-fwd in prom
2	L-fwd; Lead her in front of you w/ 180L	R-fwd w/ 180L pivot; move in front of him
&	hold; lead her 180L	L-back w/ 180L; back to him
3	R-fwd; lead her 180L	R-fwd w/ 180L pivot, toe only

Chasse

1	L-fwd; resume closed hold	R-R w/ 90L
2	R-R	L-L
&	L-close	R-close
3	R-R	L-L

Hairpin

1	L-back; lead her outside R	R-fwd; outside to L
&	R-side sm. point between her feet	L-fwd w/ 90R, head R
2	L-fwd	R-back, outside
3	R-fwd, outside L w/ 90R arnd her	L-back behind R foot; head L

Outside Spin

1	L-back; lead her fwd, outside R w/ 180R turn	R-fwd, outside L; L-180R/close
2	R-fwd w/ 90R, outside her to the L	L-pause
3	L-step arnd her w/ 90R	R-R between his feet

Pivot

1	R-back, both turn 180R, fwd bet her feet	L-fwd arnd him w/ 180R
2	L-fwd, arnd her leg w/ 90R	R-back, 90R bet his feet
3	R-back w/ 90R, toe only	L-fwd w/ 90R; head R

Same Foot Lunge

1	R-shift body R, bend R knee, L leg st	R-back behind L w/ 90R
2	Turn her UB to get her head L; Your head R	Hold- Head L
3	Turn her UB to get her head R; Your head L	Hold- Head R

Swing Step

1	L-shift body L	L-fwd sm
2	R-L w/ 90L, toe only, rise up; pivot her 90 L	R-fwd w/ 90L, head L
3	R-rock back	L-L w/ 90L

Rollout

1	L-back	R-fwd
2	R-back w/ 180R; Relse R hand, lift	L-fwd w/ 180L
&	L-close	R-back w/ 180L U/A
3	R-fwd/R	L-fwd w/ 180L, L lands back
1	L-fwd into Box Step	R-back into box step

Waltz   **Shadow Tellemarks**   advanced
                                   (starts L)

Beat	Man	**Woman**
1-3	Brush to Promenade	

starts L

Woman to Open Position

1	R-fwd	L-fwd in prom
2	L-fwd sm; send her out in front of you w/ ccw spin, release R hand	R-fwd w/ 180L
3	hold	L-back w/ 90L (side by side)

Woman's Fencing Check

1	R-Xfront twd her, R arm extended back	R-Xfront w/ 90L, L on toe, R arm bk, L arm fwd
2	R-slide fwd sm; pull her back, lift L hand	L-rock back
3	L-fwd/side (toe only); right hand catch her waist, release L hand to take her left	R-back w/ 90R, slide L ft bk sm (toe only), extend arms

Shadow Tellemark

1	L-fwd sm	L-fwd sm
2	hold; lead her around in front of you	R-fwd w/ 90L around him
&	R-fwd w/ 180L, swing around her	L-close w/ 90L
3	L-back/side w/ 180L (toe only); lead her sm fwd L	R-fwd Xfront w/ 90L, R arm extended

[Quick Spin – optional]

1	R-wt shift; Lead her arnd you w/ R hand	L-fwd w/ 90L arnd him
2	L-wt shift; Relse R hand, lift left	R-fwd w/ 180L
&	R-fwd w/ 180L arnd her; R hand catch her waist	L-back w/ 360L U/A
3	L-back w/ 180L, toe only (side by side)	R-fwd Xfront w/ 90L, R arm extended

Shadow Tellemark (repeat as shown above)

Balance Turn

1	L-wt shift; Lead her across R to L, lift L hand	L-fwd/R across him
2	hold; turn her 180L, release L hand	R-fwd w/ 180L
3	R-rock back	L-wt shift

Woman's Outside Roll

1	L-back; Lead her fwd in a cw spin w/ R hand	R-fwd, arms extended out
2	R-back w/ 180R, toe only; Relse R hand	L-fwd w/ 180R free spin
&	R-slide fwd	R-back w/ 180R free spin
3	R plant foot; L heel up, L hand catch her R	L-fwd w/ 180R free spin

56

<u>Beat</u>	<u>Man</u>	<u>Woman</u>

Devlope

Beat	Man	Woman
1	hold	R-back
2	hold	L-slide back
3	hold	L-raise then extend

Woman's Inside Roll

Beat	Man	Woman
1	L-90L; Lead her fwd	L-lower foot
2	R-close to L, toe only; Lift L hand, turn her 180L	R-fwd w/ 180L
3	R-fwd sm; Turn her 180L, R hand on her back	L-back w/ 180L U/A

Box

Beat	Man	Woman
1	L-fwd/L step into her; Lead her fwd w/ 180 L	R-fwd w/ 180L
2	R-side	L-side
3	L-close	R-close

Foxtrot

Foxtrot is done in 4/4 time and is characterized by a flat style as smooth as glass. There is no rise and fall as there is in Waltz. Foxtrot is made up of a series of quicks and slows. Foxtrot beginner (bronze) timing is S S Q Q. Foxtrot intermediate (silver) timing is S Q Q. The foot movement on a slow is done slowly so that it takes up two full beats. There is no pause or rest, rather it is a dance of continuous movement.

We will first present a few beginner level Foxtrot steps with bronze timing then proceed to show Foxtrot specific intermediate (silver) and advanced (gold) level steps that use silver timing of S Q Q. These steps are typically not used in Waltz, so they are shown here.

One advantage of using silver Foxtrot timing is that you can reuse nearly all of the Waltz steps. So in addition to the intermediate and advanced Foxtrot steps shown here, also use the Waltz steps by simply changing the timing from 1 2 3 to S Q Q.

58

These steps are all done with a standard ballroom closed hold.

Beat	Man	Woman
	Basic (Walking Step)	
S	L-fwd	R-back
S	R-fwd	L-back
Q	L-side	R-side
Q	R-close	L-close

You can keep repeating this single step and circle the entire dance floor around the outside edge in a counter clockwise direction.

Beat	Man	Woman
	Ad Lib A (Left Turn)	
S	L-fwd, R-fwd, toe only	R-back, L-back, toe only
S	R-back w/ 90 L	L-fwd w/ 90 L
Q	L-side	R-side
Q	R-close	L-close

Beat	Man	Woman
	Promenade	
S	L-90 L & fwd	R-90 R & fwd
S	R-fwd	L-fwd
Q	L-fwd w/ 90 R; square up	R-fwd w/ 90 L
Q	R-close	L-close

Can repeat several times

Beat	Man	Woman
	Promenade Pivot	
S	L-90 L & fwd	R-90 R & fwd
S	R-fwd; draw her in close	L-fwd
Q	L-Push off & pivot both of you 90 R on R ft	R-pivot w/ him 90 R
Q	R-Push off & pivot both of you 90 R on R ft	L-pivot w/ him 90 R

Then do standard Promenade step

Beat	Man	Woman
	Side Sway	
S	L-L, R-close w/ touch only	R-R, L-close w/ touch only
S	R-R, L-close w/ touch only	L-L, R-close w/ touch only
Q	L-side	R-side
Q	R-close	L-close

Can repeat several times

Foxtrot   **Simple Grapevine**
(silver)

Start with a Basic Box, end with a slight pivot cw, to lead into grapevine

Beat	Man	Woman
Box		
S	L-fwd	R-back
Q	R-side	L-side
Q	L-close	R-close
S	R-back	L-fwd
Q	L-side	R-side
Q	R-close; pivot both of you 45 degrees cw	L-close
Grapevine	(8 count, outside each other)	
Q	L-back; Lead her fwd outside on your L	R-fwd
Q	R-back	L-fwd
	Pivot both of you 90 L	
Q	L-fwd, outside her to your L	R-back
Q	R-fwd	L-back
	Pivot both of you 90 R	
Q	L-back ; Lead her fwd outside on your L	R-fwd
Q	R-back	L-fwd
	Pivot both of you 90 L	
Q	L-fwd, outside her to your L	R-back
Q	R-fwd	L-back
Box		
S	L-fwd	R-back
Q	R-side	L-side
Q	L-close	R-close

Foxtrot   **Chasse to Grapevine (silver)**   interm

Start with:
SQQ   LRL   Brush to promenade

Beat	**Man**	**Woman**
Promenade w/ Chasse		
S	R-fwd in prom	L-fwd in prom
Q	L-fwd in prom	R-fwd in prom
&	R-fwd ½ step in prom, close to L foot	L-fwd ½ step in prom
Q	L-fwd in prom	R-fwd in prom

Woman's Underarm Turn

S	R-fwd in prominade	L- fwd in promenade
	Lift L hand (turn signal)	
Q	L-fwd sm w/ 180R pivot (back to LOD)	R-pivot 180R, cont. dn LOD
Q	R-back sm (down LOD)	L-pivot 180R, cont. dn LOD

Grapevine   (8 count, outside each other)

Q	L-back; lead her fwd w/ L hand to closed hold	R-fwd
Q	R-back	L-fwd
	Pivot both of you 90 L	
Q	L-fwd	R-back
Q	R-fwd	L-back
	Pivot both of you 90 R	
Q	L-back	R-fwd
Q	R-back	L-fwd
	Pivot both of you 90 L	
Q	L-fwd	R-back
Q	R-fwd	L-back

SQQ   Box

Foxtrot   **Zig Zag Walk**   interm
                                    Travels left

Beat	**Man**	**Woman**
S	L-fwd (outside L)	R-back
Q	R-fwd	L-back
Q	L-fwd	R-back
S	R-90R & back (outside R)	L-fwd
Q	L-back	R-fwd
Q	R-back	L-fwd
S	L-90L & fwd (outside L)	R-back
Q	R-fwd	L-back
Q	L-fwd	R-back

Repeat above 6 steps several times

S	R-90R & back (outside R)	L-fwd
Q	L-back	R-fwd
Q	R-back	L-fwd

Basic box

Foxtrot   **Zig Zag twinkle w/ arm circles**   interm

Zig-zags fwd down LOD

Beat	**Man**	**Woman**
SQQ	LRL-Brush to promenade	RLR-same

Cross Body

S	R-fwd in promenade; switch her R hand to your R	L-fwd in promenade
Q	L-fwd/side short w/ 90 R (facing)	R-fwd/side short w/ 90 L
Q	R-close to L w/ 45 R; pivot her around 90+45 (3/8) cw to face diag dn LOD; L hand on her back	L-close to R w/ pivot L (ccw) 90+45 to face diagonally down LOD

Zig-zag fwd down LOD

S	L-fwd long; circle her hand up arnd to her R shldr	R-fwd long
Q	R-fwd short	L-fwd short
Q	L-close & pivot 90 L; switch hands to L-L R hand on her back	R-close & pivot 90 L
S	R-fwd long; circle her hand up arnd to her L shldr	L-fwd long
Q	L-fwd short	R-fwd short
Q	R-close & pivot 90 R switch hands to R-R L hand on her back	L-close & pivot 90 R
S	L-fwd long; circle her hand up arnd to her R shldr	R-fwd long
Q	R-fwd short	L-fwd short
Q	L-close & pivot 90 L; switch hands to L-L R hand on her back	R-close & pivot 90 L

Exit	as you move left on even numbered diagonal	
S	R-fwd long	L-fwd long
Q	L-fwd short; turn her cw to sq up, L hand over your head & drop her hand on your R shldr	R-fwd short; sq up, L hand to his R shldr
Q	R-close; resume closed hold	L-close; resume closed hold

SQQ Basic box

Foxtrot   **Open Box**   interm

Beat	**Man**	**Woman**
S	L-fwd w/ 90L; woman is outside on R	R-back, w/ 90L
Q	R-side, slightly back	L-side, slightly fwd
Q	L-back	R-fwd
S	R-back w/ 90L	L-fwd w/ 90L
Q	L-side, slightly fwd	R-side, slightly back
Q	R-fwd	L-back

Do above 2x to make a complete box. Continue for several boxes

Style tips.
    Use contra body rotation on slow steps of open box
    On fwd, slow steps, use heal lead
    On fwd, quick steps, use toe lead

Foxtrot   **Open Right Turn**   interm

Beat	**Man**	**Woman**
SQQ	LRL-Brush to promenade	RLR-same

Step around her

S	R-fwd, contra body to R	L-fwd
Q	L-fwd w/ 90R, long step arnd her	R-fwd
Q	R-push off, pivot 90R on L ft, R lands back	L-fwd
	facing back up LOD, keep her outside on R	

Heal Pivot

S	L-back short	R-fwd; stay to L on his R
Q	R-close to L & pivot 120 R **on heals,** to prom	L-across & pivot arnd w/ him
Q	L-fwd (she should be on your R)	R-brush to L, fwd in prom

Close

S	R-fwd	L-fwd
Q	L-fwd/90R, turn her 180L, sq up w/ her	R-fwd w/ 180L, sq up
Q	R-close; closed hold	L-close

Foxtrot **Back Weave to Hover Tap** advanced

SQQ Brush to Promenade
SQQ Prom R Turn

Beat	Man	Woman
Chasse		
S	L-back, toe in	R-fwd
Q	R-back/90R turn on toe	L-fwd/side w/ 90R, on toe
&	L-close, on toe	R-close, on toe
Q	R-R/90R turn, bet her ft, slide L ft L, toe touch, slight pivot	L-L/side w/ 90R turn, on toe
Back Weave		
S	L-back	R-R w/ 90R turn
Q	R-back; pull R shldr back to lead her outside R	L-fwd/L outside
Q	L-back	R-fwd outside
Back Wing		
S	R-back/R, cut across her	L-fwd w/ 90L turn
Q	L-back w/ 90L turn; move her across in front of you	R-fwd/L, curving arnd him
Q	R-back/close	L-fwd/L, "
Outside Swivel		
S	L-fwd outside; 45L toe pt	R-back
Q	R-fwd/side w/ L hip swivel (toe only)	L-back/side w/ L hip swivel (toe only)
Q	L-hold, wt on L (facing opp dirs, outside ea other)	R-hold, wt on R
Hover Tap		
S	R-fwd Xfront w/ 90R	L-fwd Xfront w/ 90L
Q	L-closc, toe tap, (closed posit)	R-close, toe tap
Q	L-L to prom	R-R to prom

Cross, side, close

Foxtrot **Left Whisk w/ Standing Spin** advanced

Starts L, LOD

SQQ   LRL-Brush to Promenade

Beat	Man	Woman

Beat   Man   **Woman**

Promenade Left Turn
S   R-fwd in prom   L-fwd in prom
Q   L-fwd, bring her arnd in front   R-fwd w/ 180 L pivot,
                                            R ft lands back/side
&   R-fwd/L w/ 90 L   L-back/L w/ 90 L
Q   L-back w/ 90 L, dn LOD   R-L Xfront, pt dn LOD
                                            (UB stays R, **Head R**)

Left Whisk
S   R-back down LOD   L-fwd dn LOD, st into him
Q   L-back/side w/ 90 L   R-fwd/side w/ 90L (Head R)
Q   R-X behind L, rotate UB L, turn her 90 L   L-5th pos behind R w/ 90 L
                                            (face up LOD, **Head L**)

Standing Spin
S   L-wt shift; lead her arnd you   R-fwd/R arnd him 90 R
Q   R-Turn 360 R…   L-fwd/R arnd him 90 R
&   L-   in…   R-fwd/R arnd him 90 R
Q   R-   place, wt on R foot   L-fwd/R arnd him 90 R
                                            (face up LOD)

Promenade Spin
S   L-back; lead her fwd/90R   R-fwd/R-90, outside him
Q   R-back w/ 180 R pivot, stop short   L-fwd/ 90R, step arnd him
Q   L-L/fwd in promenade (up LOD)   R-close w/ 90 R, brush to
                                            prom (**Head to R**)

[Option 1 (easy)]
S   R-fwd   L-fwd
Q   L-fwd/side   R-fwd/side w/ 90L
Q   R-close   L-close
S   L-fwd into box   R-back into box

[Option 2 (more complex)]
S   R-fwd   L-fwd
Q   L-fwd/side; lift L hand   R-fwd/180L pivot (**Head L**)
Q   R-fwd/L Xfront   L-back, pivot another 180 L
S   L-fwd into box   R-fwd, pivoting 90 L,
                                            R ft lands side/back

Foxtrot   **Ronde to ContraCheck**   advanced

SQQ   LRL-brush to promenade

Beat	Man	Woman
S	R-fwd 90R, across in front of her	L-fwd sm, down LOD
Q	L-fwd/side w/ 90R (face up LOD)	R-fwd/close
Q	R-close	L-fwd (even w/ him)

Outside Spin

S	L-back sm; lead her fwd outside	R-fwd/long, outside on his R
Q	R-fwd/outside w/ 180 cw pivot & CBM	L-close & pivot 180R cw
		(face up LOD)
Q	L-fwd w/ 180 cw pivot, pt R toe R, bend knees	R-fwd/90R between his feet
	for drive off in next step; lead her fwd/R	
	(facing up LOD)	

Ronde

Wrap her arnd your leg

S	R-fwd/R lunge between her ft	L-fwd/90R, wrap arnd his leg
		swing R ft out arnd cw 360
Q	L-L sm (side by side)	R-land behind Left in Xback
Q	R-back; lead her around 180L	L-back w/ 180 L pivot, then
	in front of you	Small step st into him

Contra Check (dip)

S	L-fwd, L shldr back	R-back/R-side
Q	hold	lean bk, wt on R toes; head L
Q	hold	hold
S	hold	hold
Q	R-rock back	L-rock fwd
Q	L-back/L	R-fwd/R, into him

Hairpin

S	R-fwd/90R, St. into her (Lead her 90R)	L-back/side w/ 90 R turn
Q	L-fwd, outside her to L	R-back
Q	R-fwd w/ 90 R arnd her	L-back/close
	bring L ft along behind R	

Promenade Spin

S	L-back; lead her fwd/90R outside	R-fwd/long w/ 90 R,
		outside him
Q	R-back w/ 180 R pivot, stop short	L-fwd/side 90R around him
Q	L-L into promenade (up LOD)	R-R into promenade

SQQ   cross, side, close

68

Foxtrot   **Tumble**   advanced

Starts L

Beat	Man	Woman
SQQ	LRL-Brush to promenade	

Woman's Promenade Spin

S	R-fwd	L-fwd
Q	L-fwd; Lift L hand twd R	R-fwd w/ 180R
Q	R-fwd, R hand to her back	L-back w/ 180R U/A (back to him)

Half Left Box

S	L-fwd into her after turning her 180R	R-fwd/180R, slip L arm thru
Q	R-fwd w/ 90L	L-back w/ 90L
Q	L-Xback	R-Xfront (outside L)

Tumble

S	R-back/R Long	L-fwd into him
Q	L-back w/ 90L	R-fwd w/ 90L arnd his R ft
&	R-Xfront	L-Xback
	Swing her arnd to L	
Q	L-fwd/L w/ 90L st into her	R-slide back/R w/ 90L
&	R-90R/back	L-L/fwd

Hover Corte

S	L-back w/ 90L	R-fwd w/ 90L, **Head R**
Q	Rise up on toes	Rise up on toes
Q	R-R, slight turn L	L-L, slight turn L, **Head L**

Tipple Chasse

S	L-back	R-fwd, outside L
Q	R-back/side w/ 90R	L-fwd/side w/ 90R
&	L-close	R-close
Q	R-R w/ 90R, FWD bet her ft	L-fwd w/ 90R, bet his ft

Back to Promenade

S	L-fwd arnd her leg w/ 90R	R-R90/fwd between his ft
Q	R-back w/ 90 R	L-fwd w/ 90 R
Q	L-fwd w/ 90R into promenade	R-back w/ 90R into promenade, **Head R**

SQQ	cross, side, close	

Foxtrot   **Syncopated Tandem Turn**   advanced

Starts R, LOD

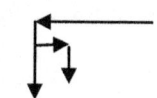

Beat	Man	Woman

Half Open Left Box

S — L-fwd w/ 90L — R-back w/ 90R
Q — R-back — L-fwd (outside L)
Q — L-back — R-fwd

Roll to Shadow

S — R-back long; lead her in w/ L hand — L-fwd between his feet
Q — L-back w/ 90L; turn her ccw, Relse L hand — R-fwd w/ 90L
& — R-close — hold
Q — L-fwd/L, R hand to her waist, L take her L — L-back w/ 180L

Right Half Box

S — R-fwd — R-fwd
Q — L-fwd w/ 90R — L-fwd w/ 90R
Q — R-back — R-back

Syncopated Tandem Turn

S — L-back w/ 90R — L-back w/ 90R
Q — R-back/R w/ 90R; Lift L hand — R-back/R w/ 90R
& — L-fwd w/ 180R — L-fwd w/ 180R U/A
Q — R-side, R hand back (she's behind you) — R-side; **your R hand in his**

Right-Right Syncopated Separation

S — L-fwd; Lift R hand, Relse L — L-fwd on his R side
Q — R-fwd — R-fwd U/A
& — hold; lead her fwd w/ 180 ccw — L-fwd w/ 180L
Q — L-fwd, toe only (in xhand hold) — R-back

Pull Spin to Shadow

S — L-slide fwd w/ 90R; lead her fwd, lift R hand — L-fwd
Q — R-L; spin her ccw — R-fwd w/ 180L U/A
Q — L-close; cont to spin her ccw; wrap R arm arnd her waist, L hand takes her L — L-back/close w/ 270L, in beside him

Hairpin in Shadow

S — R-fwd — R-fwd
Q — L-fwd — L-fwd
Q — R-fwd — R-fwd

70

Syncopated Tandem Turn pg 2

Beat	Man	Woman

Back Cross-body Roll

Beat	Man	Woman
S	L-back w/ 90R	L-back w/ 90R
Q	R-back/R w/ 90R; Roll her cw & relse	R-back/R w/ 90R
&	[L-fwd w/ 180R	[L-fwd w/ 180R
Q	R-back w/ 180R]	R-back w/ 180R]
&	R-slide fwd, L hand catch her R	L-fwd w/ 180R

Open Check Lunge

Beat	Man	Woman
S	lunge twd her, R knee bent, L leg stretched back; L arm fwd, R back	R-back/side, arch L
Q	hold	hold
Q	hold	hold

Close to Box

Beat	Man	Woman
S	L-90L in place; Lead her fwd	L-fwd
Q	R-slide in; Lift L hand, turn her ccw	R-fwd w/ 180L
Q	R-fwd sm; cont to turn her	L-back w/ 180L
S	L-fwd/L into her; closed hold	R-fwd/180L, R lands back
QQ	box	

Foxtrot **Attitude Lift to Big Top** advanced

SQQ Brush to promenade ⟵

SQQ Prom R Turn Starts L

Beat	Man	Woman
Outside Spin		
S	L-back/X-behind w/ 90 R; lead her fwd outside	R-fwd w/ 90 R, arnd him
Q	R-fwd, 90 R, outside her (dn LOD)	L-fwd/close, pivot 90 R
Q	L-fwd, pivot 180 R, L lands back/side (facing up LOD)	R-pivot 180 R, fwd bet his ft
Ronde to Attitude Lift		
S	R-R w/ 90R against her R leg lean fwd; lead her up & back	L-L/90R, wrap arnd his leg R-up & back; **head R**
Q	L-fwd w/ 90R; rotate her cw	L-rotate cw, start to lwr R ft
&	R-fwd	L-rotate cw, lwr R ft
Q	L-fwd in promenade	R-fwd
SQQ	RLR-Promenade R Turn	LRL-same
Outside Swivel		
S	L-back; lead her fwd outside R	R-fwd, outside L
Q	hold	L-fwd, pivot 180R
Q	hold; lead her swivel cw	L-fwd sm, toe touch, **head R**
Big Top (from waltz)		
S	R-fwd, slight x-over, pt toe 45 R	L-fwd, pt toe 45 L
Q	Pivot 180 L & swing her arnd to your R side L-X behind	R-fwd & swing arnd 270 land w/ feet apart, facing him @ 90 angle
Q	R-back/side w/ 90 L (face her)	L-close (on toes) pivot 180 L
Contra Check		
S	L-fwd	R-back
Q	hold	lean back on R toes; **head L**
Q	hold	hold
S	R-rock back	L-rock fwd
Q	L-back/side	R-fwd/side
Q	R-close	L-close

Foxtrot   **Shadow Wrap Spin**   advanced
                                         (Goes Right)

Beat	Man	Woman
Fallaway to Left Whisk		
S	L-fwd	R-back
Q	R-fwd/side w/ 90 L	L-back/side
&	L-X behind R, long, dn the floor w/ CBM (L shldr fwd)	R-X behind L
Q	R-slide back/R, backing across her (pivot her) turn body 90 ccw (wt on toes)	L-fwd/90L bet his feet (face dn LOD)
Q	L-L w/ 90L to face ea other (not dn LOD)	R-fwd w/ 90L (facing)
Q	R-Xback	L-Xback
Pivot Right		
S	L-wt shift; Lead her arnd R	R-fwd w/ 90R
Q	R-fwd/R w/ 90R bet her feet; Lead her arnd R	L-fwd w/ 90R (facing him)
Q	L-fwd/side w/ 90R; Lead her arnd R	R-back w/ 90R, fwd bet his ft
Woman's Ronde		
S	R-pivot 90R in place (no weight)	L-fwd/180R, wrap arnd him
Q	R-R/fwd; press against her R leg to lead her to ronde	R-ronde leg 270R, L ft & bdy 90R (beside him)
Q	L-hold	R-rock back
Shadow Wrap		
S	R-pivot 90R; lift L hand	L-L w/ 90L, head L
Q	L-fwd w/ 90R, R arm to her waist	R-side U/A, in beside him
Q	R-fwd w/ 90R	L-back
Spin with Man's Leg Fan		
S	rotate UB cw to get her walking back;	R-back w/ 90R
Q	L-fan leg arnd 360 as you pivot on R ft	L-back w/ 90R
&		R-back w/ 90R
Q	stop on L ft (close to R) when she is on L ft	L-back w/ 90R
Right Shadow Box		
S	R-fwd	R-fwd
Q	L-fwd w/ 90R	L-fwd w/ 90R
Q	R-back	R-back
Outside Roll		
S	L-back	L-back
Q	R-back/side w/ 90R behind her (toe only); Roll her cw & relse	R-back/side w/ 90R
Q	R-slide fwd	L-fwd w/ 180R, L lands back
S	L-fwd into box	R-back into box

Tango

Tango is done in 4/4 time. Your walking steps in Tango should have a staccato (start/stop) look to them; a cat-like walk, curving to the left. Tango is very dramatic with quick, sharp head and body movements. His right hand should be on her lower back, rather than up on her shoulder blade. Her left hand should be under his upper arm, with her thumb in his armpit.

74

Tango   **Beginner steps**   beginner

Beat	Man	Woman

Basic Forward Walk

Beat	Man	Woman
S	L-fwd	R-back
S	R-fwd	L-back
Q	L-fwd	R-back
Q	R-side	L-side
S	L-close (can slide slowly or click heels)	R-close

Corte

Beat	Man	Woman
S	L-back	R-fwd, turn head sharply left
S	L-return to R foot, toe only	R-return to L foot, toe only
Q	L-fwd	R-back
Q	R-side	L-side
S	L-close (can slide slowly or click heels)	R-close

Corner Turn

Beat	Man	Woman
S	L-90 L in promenade	R-90 R in promenade
S	R-fwd in prom	L-fwd in prom
Q	L-fwd; swing her arnd in front of you	R-swing arnd in front of him
Q	R-side	L-side
S	L-close (can slide slowly or click heels)	R-close

Promenade Taps

Beat	Man	Woman
S	L-90 L in promenade	R-90 R in promenade
S	R-fwd	L-fwd
S	L-fwd w/ 90R to face her, toe only	R-fwd w/ 90L to face him

Do these 3 steps 4 times for a total beat count of 24 (even multiple of 8)

Walking Rock

Beat	Man		Woman
S	L-fwd		Natural opposite
S	R-fwd		
Q	L-rock back	Rock	
Q	R-rock fwd	-a-	
S	L-fwd	step	
Q	R-rock back	Rock	
Q	L-rock fwd	-a-	
S	R-fwd	step	
Q	L-fwd	tan..	
Q	R-R	..go	
S	L-close	close	

Tango   **Cambia**   beginner
                                          (Left Lunge)

Beat	**Man**		**Woman**

Cambia

S	L-fwd		R-back
S	R-fwd		L-back
Q	L-fwd		R-back
Q	R-R/side small		L-L/side small
S	L-lunge **Left,** bend L knee, Pt R leg/ft		R-lunge **Right**, bend R knee
	Snap head left		Snap head right

Exit

S	R-shift weight to R ft, straighten up		L-weight to L ft, straight up
S	L-close, toe only		R-close, toe only
Q	L-fwd	tan..	R-back
Q	R-side	..go	L-side
S	L-close	close	L-close

Tango   **Running Step**   beginner

Beat	Man		Woman
			Natural opposite
S	L-fwd		
S	R-fwd		
Q	L-fwd		
Q	R-fwd		
S	L-fwd		
S	R-fwd		
Q	L-fwd		
Q	R-fwd		
Q	L-fwd	tan..	
Q	R-side	..go	
S	L-close	close	

Tango   **Circle Rocks**   beginner

Beat	Man		Woman
S	L-fwd		R-back
S	R-fwd		L-back

Half Turn

Beat	Man		Woman
Q	L-fwd 90L		R-back 90R
Q	R-R, behind L		L-L (xfront)
Q	L-fwd 90L		R-back 90R
Q	R-R, behind L		L-L (xfront)

Basic

Beat	Man		Woman
S	L-fwd		R-back
S	R-fwd		L-back
Q	L-fwd	Tan-	R-back
Q	R-side	go	L-side
S	L-close	close	R-close

Tango   **Open Fan**   interm

Beat	Man	Woman

Promenade to open position

S	L-90 L in promenade	R-90 R in promenade
S	R-fwd in prom	L-fwd in prom
Q	L-fwd w/ 90 R; release R hand	R-fwd w/ 90 L
Q	R-back w/ 90 R	L-back w/ 90 L
S	L-close, then brush L w/ toe pt L (no weight)	R-close, brush L w/ toe pt R

[optional **Barrel Role**]

Q	L-90 L toe point & wt shift	R-90 R toe point & wt shift
Q	R-180 ccw behind her; release hand	L-180 cw in front of him
S	L-180 ccw; R hand catch her L	R-180 cw
Q	R-90 R toe point & wt shift	L-90 L toe point & wt shift
Q	L-180 cw behind her; release hand	R-180 ccw in front of him
S	R-180 cw	L-180 ccw; R hnd catch her L

Open Fan

S	L-fwd	R-fwd
S	R-180 ccw pivot, ft lands fwd (fan)	L-180 cw pivot, ft lands fwd
Q	L-fwd; swing her arnd in front of you	R-fwd w/ 180L pivot
Q	R-side	L-side
S	L-close (can slide slowly or click heels)	R-close

Tango **Walk Around Turn** interm

Beat	**Man**	**Woman**

Promenade to open position

S	L-90 L in promenade	R-90 R in promenade
S	R-fwd in prom	L-fwd in prom
Q	L-fwd w/ 90 R; release R hand	R-fwd w/ 90 L
Q	R-back w/ 90 R	L-back w/ 90 L
S	L-close, then brush L w/ toe pt L (no weight)	R-close, brush L w/ toe pt R

Walk Around Turn

Lift L hand for walk around turn

S	L-Walk arnd…	R- Walk arnd…
S	R-… in ccw…	L-… in cw…
Q	L-…circle	R-…circle
Q	R-side; facing her	L-side; facing him
S	L-close; closed hold	R-close

80

Tango **Single Fans** interm

She does a single fan on his right side, then they pivot 180 and she does another single fan on his right side

Beat	Man	Woman
Q	L-fwd w/ 90 L	R-back w/ 90 L (ccw)
Q	R-fwd behind L ft	L-back slightly behind R
S	L-rock fwd; lead her fwd on your R side	R-fwd beside him (leave room to fan)
S	R-rock back; fan her arnd 180 cw	L-fan arnd (L fwd, 180 pivot cw, L fwd)
Q	L-90 L; lead her fwd arnd you w/ 180 ccw	R-fwd w/ 180 L arnd him
Q	R-fwd behind L ft w/ 90 L; pivot her 180 ccw	L-180 L pivot, L lands slightly back of R
S	L-rock fwd; lead her fwd on your R side	R-fwd beside him (leave room to fan)
S	R-rock back; fan her arnd 180 cw	L-fan arnd (L fwd, 180 pivot cw, L fwd)
Q	L-fwd w/ 90L; lead her fwd arnd you 270 ccw	R-fwd w/270 L pivot, to face him
Q	R-side	L-side
S	L-close	R-close

Pattern ends where it started

Tango   **Triple Fan**   interm

She does three successive fans without interruption on his right side

Beat	**Man**	**Woman**
Q	L-fwd w/ 90 L	R-back w/ 90 L (ccw)
Q	R-fwd behind L ft	L-back slightly behind R
S	L-rock fwd; lead her fwd on your R side	R-fwd beside him (not to close)
S	R-rock back; fan her around 180 cw	L-fan around
		(L fwd, 180 pivot cw, L fwd)
S	L-rock fwd; fan her around 180 ccw	R-fan around
		(R fwd, 180 pivot ccw, R fwd)
S	R-rock back; fan her around 180 cw	L-fan around
		(L fwd, 180 pivot cw, L fwd)
Q	L-90 L; lead her fwd arnd you w/ 180 ccw	R-fwd w/ 180 L around him
Q	R-fwd behind L ft w/ 90 L; pivot her 180 ccw	L-180 L pivot, L lands slightly back
Q	L-fwd w/ 90L; lead her back w/ 90 ccw	R-back w/ 90 L turn
Q	R-R/side	L-L/side
S	L-close	R-close

Pattern ends where it started

Tango   **Front Fans**   interm

She does four successive fans without interruption in front of him

Beat	**Man**	**Woman**
Q	lead her back w/ 90 L (ccw)	R-back w/ 90 L (ccw)
Q	she is off to your front/L side	L-back slightly behind R
S	lead her fwd, L to R	R-fwd across in front of him
S	fan her cw to your L	L-fan 180 R
S	fan her ccw to your R	R-fan 180 L
S	fan her cw to your L	L-fan 180 R
S	fan her ccw to your R	R-fan 180 L
S	R-R side; lead her fwd w/ 90R, facing	L-fwd/side w/ 90R, face him
S	L-close to R, toe only	R-close to L, toe only

Pattern ends slightly to the right of start

Tango   **Dual Fans**   interm

He steps around her and they fan together

Beat	Man		Woman
S	L-fwd in prom; Closed hold		R-fwd in prom
S	R-fwd in prom		L-fwd in prom
Q	L-fwd 180R, land to side, arnd in front of her		R-fwd between his feet
Q	R-fan to close (toe only); Lead her fwd 180 cw side-by-side		L-fan R to close (toe only)

Do above 3 steps 2x

Beat	Man		Woman
S	R-fwd in prom		L-fwd in prom
Q	L-fwd; lead her fwd in front	Tan-	R-fwd 180L, R lands back
Q	R-side	go	L-side
S	L-close	close	R-close

Pattern ends 90L, slightly down the floor

Pattern: Prom; walk, quick, fan, walk, quick, fan; Walk, Tan-go, close

Tango   Offset Breaks   interm

Beat	Man	Woman
Basic Walk w/ 270 Left turn		
S	L-fwd	R-back
S	R-fwd	L-back
Q	L-fwd w/ 90L	R-back w/ 90L
Q	R-back across her w/ 90L	L-fwd (outside him) w/ 90L
S	L-back w/ 90L; bring her in front of you	R-fwd w/ 90L, face him
Offset Breaks		
Q	R-over L at 45 angle	L-behind R at 45 angle
Q	L-rock back	R-rock fwd
S	R-R	L-L
Q	L-over R at 45 angle	R-behind L at 45 angle
Q	R-rock back	L-rock fwd
S	L-L	R-R
Q	R-over L at 45 angle	L-behind R at 45 angle
Q	L-rock back	R-rock fwd
S	R-behind L	L-L
FAN		
S	L-wt shift; lead her fwd on R	R-fwd, beside him
S	R-wt shift; fan her cw	L-fan 180 cw
Q	L-90L (swing her arnd, facing)	R-fwd w/ 270L pivot
Q	R-side	L-side
S	L-close	R-close

84

Tango   Promenade Flick   interm

Leg flick where you both bend knee back and flick lower leg behind the other leg
Note that the leg flick helps to pivot you both back to facing position

Beat	**Man**	**Woman**
Basic	SSQQS	
S	L-90L in prom	R-90R in prom
S	R-fwd in prom	L-fwd in prom
Q	L-fwd in prom	R-fwd
Q	R-flick R leg behind L w/ 90R twist her ccw, face her	L-flick L leg behind R w/90L face him
Q	R-90L/fwd in prom	L-90R/fwd in prom
Q	L-close w/ toe touch only; twist her ccw face her	R-close w/ toe touch only; face him

Can do 2 sets of these, then basic

Tango   Leg Crawl

Her left knee goes up onto his right hip

Beat	**Man**	**Woman**
Basic	go to 1-hand hold (your left)	
1	L-back small	R-back small
2	R-close	L-close
3-4	L-L, pt toe, R arm back; push her back	R-back, knees bent like sit
5	Lead her fwd	L-fwd
6	L-R/close; closed hold	R-fwd; to his R foot
7	L-wt shift; Lift L hand	L-knee up on his hip
8	R-wt shift; Lower L hand	L-foot down (wt on it)

[Option 2]

Basic	**go to 1-hand hold (your left)**	
1-2	L-L, pt toe, R arm back; push her back	R-back, knees bent like sit
3	Lead her fwd	L-fwd
4	L-R/close; closed hold	R-fwd; to his R foot
5	L-wt shift; lift L hand	L-knee up on his hip
6-7	hold, hold	hold, hold
8	R-wt shift; lower L hand	L-foot down (wt on it)

Tango   **Right Lunge to Spanish Drag**   advanced

Beat	Man	Woman

Basic Walk w/ Fallaway to Over-sway

Beat	Man	Woman
S	L-fwd, slight curve L	R-back
S	R-fwd, slight curve L	L-back
Q	L-fwd	R-back (outside him)
Q	R-fwd/side w/ 90 L (don't turn her)	L-back (outside him)
Q	L-X behind R, dn the floor (don't turn her) w/ CBM (L shldr fwd)	R-Xbehind L, body R, head L
Q	R-slide back/R, backing across her (pivot her) Turn body 90 ccw (wt on toes)	L-pivot 180L, FWD bet his ft
S	L-L/side, L knee bent, pt R toe R, dip R shldr look R; with over-sway pull her into you	R-fwd w/ 90 L bet his ft; R L leg st (toe touch), back arched in twd him; dip L shldr, look L w/ head bk

Right Lunge (3 slows, 6 beats)

Beat	Man	Woman
S	raise R shoulder, dip L shldr; look L	raise L shldr, lwr R shldr; look R
S	R-**Lunge** onto R ft, R knee bent, L leg st; then raise L shldr, lwr R shldr; look R	L-rock to L ft; L knee bent, R leg st; then raise R shldr, dip L shldr; look L
S	L-rock to L ft	R-rock to R ft

Spanish Drag (4 slows, 8 beats)

Beat	Man	Woman
S	straighten up	straighten up
S	slide R ft toward L	slide L ft toward R
S	slide R ft to close to L	slide L ft to close to R
S	R-drop wt onto R ft	L-drop wt onto L ft (when feel him drop)

Promenade to Basic (8 beats)

Beat	Man	Woman
S	L-fwd/L to promenade, snap head L	R-fwd/R to promenade, snap head R
S	R-fwd in prom	L-fwd in prom
Q	L-fwd in prom; lead her in front	R-fwd w/ 180R
Q	R-R	L-L
S	L-close	R-close

32 beats total
UB = upper body
To raise/lower shoulders, rotate them

Tango   **Devlope**   advanced
                                             (starts fwd)

Beat	**Man**	**Woman**

Cross Swivel

S	L-fwd, slight curve L	R-back
S	R-fwd, slight curve L	L-back
Q	L-fwd/90L sm	R-back Starts fwd
Q	R-side sm w/ 90L	L-back/side w/ 90L
S	L-Xbehind R, long step w/ 90L	R-Xover L, L close, toe only
	Close R to L, toe only, w/ 90 L hip swivel	swivel hips R on L ft move
	L shldr fwd w/ CBM, wt on L ft, prom posit	R shldr fwd

Hairpin

Q	R-fwd w/ 45 pt R	L-fwd w/ 45 pt L
Q	L-fwd/side; close her to you	R-fwd/side; closed posit
Q	R-fwd/Xover L w/ 90R outside to the L	L-Xbehind R; L shldr fwd;
		look L
Q	L-L/back	R-fwd, pt R

Chasse to Devlope

Q	R-back/R w/ 90R; [st lead for her U/A turn cw]	L-fwd [w/ 90R]
Q	L-close to R	R-fwd [or Back w/ 180R
		pivot U/A]
Q	R-R90, catch her in 2-hand hold	L-fwd w/ 180R pivot
Q	L-fwd, stay outside to the R	R-back [w/ 90R turn]
S	hold	L-leg flick across in front of
		him (devlope)

Pivots & swivel

Q	R-rock back	L-fwd w/ 45 pt L
Q	L-back w/ 90L, st lead for her U/A turn L	R-fwd/side, face him
S	R-close to L	L-back; pivot 270L ccw in
		U/A turn
Q	L-fwd/90L; resume closed hold	R-fwd w/ 180L pivot
Q	R-side	L-back to R ft, then 90L
S	L-back w/ 90L; pt R toe to R	R-fwd, 45 pt R, swivel 180R
	L shldr fwd; swivel her R cw	L toe touch; R shldr fwd
S	R-fwd sm; pt toe 45 R; lead her fwd beside you	L-fwd, pt toe 45L

Tan-Go Close

Q	L-fwd; bring her arnd in front of you	R-fwd w/ 180L pivot
Q	R-side	L-side
S	L-close (toe only)	R-close (toe only)

32 beats total

Tango   **Sit Break to Leg Crawl**   Advanced

Beat   Man   **Woman**   LOD
SSQQS Basic – end w/ toe pointed to promenade

Starts fwd

Promenade to Outside Spin
S   L-fwd in prom   R-fwd in prom
Q   R-fwd, pt toe R for open R turn   L-fwd
Q   L-fwd w/ 180 R pivot, L lands back/side   R-fwd, between his feet
Q   R-back dn LOD, outside her   L-fwd, outside him
Q   L-back /R w/ 90 R (X behind)   R-fwd/90R, outside, arnd him
Q   R-fwd/90R, outside, around her, dn LOD   L-close to R w/ 180 pivot R
Q(6)   L-fwd w/ 180 R pivot, L lands side   R-fwd/90R bet his ft w/
            stepping arnd her (face up LOD)   90R (dn LOD)

Ronde to Walk Around
Q   Lead her wrap around, then   L-fwd, wrap arnd his leg
       R-fwd/R lunge bet her ft   (pivoting 180 R)
                                                 swing R ft out arnd cw 270
Q   L-L   R-Land behind L in bk Xover
Q   relse R hand; L hand over head, wt to R ft   L-90L behind him (up LOD)
            Lead her to walk behind you, R to L
Q   L-X-over, pt L   R-fwd/90R; wide arnd him
Q   R-R (face up LOD)   L-fwd/side w/ 90R (face him)

[option 1: simple]
Q   L-back ; L hand hold   R-back
Q(7)   R-close; facing ea other (up LOD)   L-close (lots of space bet)

[option 2: more complex]
Q   L-back w/ 180 L pivot   R-back w/ 180 R pivot
            Pivot another 90 L in place   pivot another 90 R in place
            L hand hold (side-by-side)
Q(7)   R-fwd/side w/ 90 L,   L-fwd/Side wide, w/ 90 R
            facing ea other (up LOD)   (lots of space bet you)

Sit Break & Leg Crawl (both option 1 and option 2 cont here)
Q   L-L, pt toe, R arm back   R-bk behind L (L hand fwd)
         push L arm fwd (finger tip hold)   knees bent, like sitting
Q   lead her fwd   L-slide fwd small
Q   L-R (not close), Closed hold   R-fwd, straight into him

Q   L-wt shift, Lift L hand up   L-knee up on his hip
                                                  (leg crawl)
Q(5)   R-back small (lwr L hand)   L-put foot down

Tan-Go Close (simple)

Q	L-fwd	R-back
Q	R-side	L-side
S	L-close (toe only)	R-close (toe only)

Tan-Go Close (more complex)

Q	L-back/side w/ 90 L	R-fwd/side w/ 90 L
Q	R-fwd/side w/ 90 L	L-back/side w/ 90 L
S	L-close (toe only)	R-close (toe only)

Tango   **Fallaway Promenade Flick**   advanced

Beat   Man   **Woman**
SSQQS Basic, end by drawing ft closed, toes pointed out

```
              ↑        →
              │   ┌────┘
              └───┤ LOD
                  │
                  ↓
```

Promenade Lock Turn (Down LOD)
S   L-fwd in promenade   R-fwd in prom
Q   R-fwd   L-fwd   starts fwd
Q   L-fwd   R-fwd/side w/ 90 L
S   R-Close   L-fwd/Xover, step across him; (head L)

Fallaway (like st of fencing check) (down LOD)
Q   L-fwd   R-back/90L (outside him)
Q   R-fwd/side w/ 90 L   (don't turn her)   L-back (outside him)
Q   L-X behind R, long, dn the floor (don't turn her)   R-X behind L (body R, head L)
              w/ CBM (L shldr fwd)
Q   R-slide back/R, backing across her (pivot her)   L-pivot 180 L then FWD bet his feet
              Turn body 90 ccw (wt on toes)
Q   L-fwd/L, bet her feet (after pivoting her 180)   R-fwd, pivot 180L, R lands side/bk
              (Face dn LOD)   (swing arnd him, face twd him)
Q(6)   R-fwd/R, 90 L, Step arnd her (in close)   L-close to R, pivot 90 L

Promenade Flick
Q   L-back/90L, step L in prom   R-fwd in prom
Q   R-fwd   L-fwd
Q   L-fwd   R-fwd
Q   R-foot up/back @ 90 angle, flicking L   L-foot up/back @ 90 angle, flicking R
Q   R-fwd   L-fwd
Q(6)   L-fwd/Side, toe touch w/ 90 R (face her)   R-fwd/side, toe touch w/ 90L (face him)

Can end here w/ basic or continue…

Contra Check (dip)
Q   L-fwd, L shldr back   R-lack
Q   hold   Lean Back, wt on R toes; head L
Q   R-wt shift   L-wt shift
Q(4)   L-Back/L; lead her fwd   R-fwd, just inside his R ft

Dual Ronde w/ Twist to Promenade (like waltz)
Q   wrap her around your R leg
Q   R-fwd/R lunge between her ft   L-fwd, wrap arnd his leg (pivoting 90 R)
              R leg pushes her R leg, drive off L ft,   Swing R ft out arnd cw 180
              swing L ft out arnd cw 180
Q   L-land in front of her w/ fwd body pos, facing her,   R-Land behind Left in back Xover
              foot to L of her fwd ft, leaning fwd L
Q   R-X behind L   L-L
Q   pivot in place 180 cw to unwind   R-fwd/R w/ 90 R arnd him
Q(6)   finish unwinding   L-fwd/side w/ 90 R arnd him

S   L-fwd in promenade   R-brush to promenade
```
```

Quickstep

Quickstep can be thought of as a faster version of Foxtrot. The two dances bear many similarities and many of the Foxtrot dance steps can be used in Quickstep. A couple of initial Quickstep patterns are shown here.

Quickstep   **Basic w/ Lock-Step**   beginner

Face 45 angle to the side of the dance floor
Dance this pattern outside each other. Keep her on your right. It progresses around the outside edge of the dance floor, around the line of dance.

Beat	**Man**	**Woman**
S	L-fwd	R-back
S	R-fwd	L-back
Q	L-fwd w/ 90R	R-back w/ 90R
Q	R-close	L-close
S	L-back	R-fwd
S	R-back	L-fwd
Q	L-back w/ 90L	R-fwd w/ 90L
Q	R-close	L-close
S	L-fwd	R-back
S	R-fwd	L-back
Q	L-fwd	R-back
Q	R-fwd behind L ft (Lock Step) lead her w/ slight cw twist	L-back in front of R ft (lock step)

Can keep repeating this pattern around the room

Quickstep   **Room Loop with CBM**   beginner

CBM (contra body movement) means body facing different direction than feet.
Pattern loops around outside of the room going in ccw direction.

Beat	Man	Woman
7-8(&)	L-fwd, starter step	R-back
S	R-fwd w/ 45 R w/ CBM	L-back w/ 45 R
Q	L-L	R-R
Q	R-close	L-close
S	L-back	R-fwd
S	R-back w/ 45 L w/ CBM	L-fwd w/ 45 L
LOOP:		
Q	L-L	R-R
Q	R-close	L-close
S	L-L	R-R
S	R-fwd, slightly L	L-back
Q	L-fwd	R-back
Q	R-lock step (behind L foot)	L-lock step (front of R foot)
S	L-fwd	R-back
S	R-fwd w/ 45 R w/ CBM	L-back w/ 45 R
Q	L-fwd/R, swing around	R-back/R
Q	R-close	L-close
S	L-back/R w/ CBM	R-fwd/L
Q	R-R	L-L
Q	L-close	R-close
S	R-R	L-L
Q	L-fwd	R-back
Q	R-lock step (behind L foot)	L-lock step (behind R foot)
S	L-fwd	R-back
S	R-fwd w/ 45 R w/ CBM	L-back w/ 45 R
Q	L-fwd/R, swing around	R-back/R
Q	R-close	L-close
S	L-back/R w/ CBM	R-fwd/R
S	R-back around 180	L-fwd
S	L-back	R-fwd
S	R-back	L-fwd
Q	L-L	R-R
Q	R-close	L-close
S	L-L	R-R

Quickstep   **Room Loop with CBM**   pg 2

S	R-fwd, slightly L; turn her	L-back
Q	L-fwd	R-back
Q	R-lock step (behind L foot)	L-lock step (behind R foot)
S	L-fwd	R-back
S	R-fwd w/ 45 R w/ CBM	L-back w/ 45 R
Q	L-fwd/R, swing around	R-back/R
Q	R-close	L-close
S	L-back/R w/ CBM	R-fwd/R
Q	R-R	L-L
Q	L-close	R-close
S	R-R	L-L
Q	L-fwd	R-back
Q	R-lock step (behind L foot)	L-lock step (behind R foot)
S	L-fwd	R-back
S	R-fwd w/ 45 R w/ CBM	L-back w/ 45 R
Q	L-fwd/R, swing around	R-back/R
Q	R-close	L-close
S	L-back/R w/ CBM	R-fwd/R
S	R-back around 180	L-fwd
S	L-back	R-fwd
S	R-back; goto LOOP	L-fwd

Can keep repeating this pattern around the room

Latin Dances (Rumba, Merengue, Cha Cha, Bolero, Salsa, Samba)

The man holds his right elbow up and out in a horizontal position, while his left elbow is down in a vertical position. The woman holds her left elbow up and out in a horizontal position, while her right elbow is down in a vertical position. The man's right hand goes on the woman's left shoulder blade. His left hand holds her right hand at her shoulder height. Her left hand rests lightly on his upper arm. This is the "closed position." The same information given above, under the Ballroom section, about the woman's hand and arm usage to feel the man's lead also applies to the Latin dances.

Your feet start in a "V" position, heels together and toes apart. For Latin Dances you stand directly in front of your partner; however, you each still look over each other's right shoulder by looking slightly to the left. Slide your toes lightly on the floor and land your weight on the toe/ball of the foot. This is a toe lead.

To achieve the desired Latin, rhythmic, hip movements you must place and move your feet and knees properly. When you step with your left foot, land your foot on the inside edge where your big toe is and tilt your knee in. This foot and knee motion will push your right hip out to the right.Then smoothly role your left foot flat.

When you step with your right foot, land your foot on the inside edge where your big toe is and tilt your knee in. This foot and knee motion will push your left hip out to the left. Then smoothly role your right foot flat.

Note that it is rolling your feet and tilting your knees that pushes your hips out. You do not want to swing your hips directly or that will tend to cause your shoulders to bounce and dip.Whereas the shoulders should remain level.

Rumba

Rumba is done in 4/4 time. Rumba is made up of a series of quicks and slows: Q, Q, S. This can also be done to a count of 1, 2, 3, pause. You take a step on the first three beats per measure, pausing on the fourth beat. Rumba dance music includes Spanish Eyes, Swavaceto, Guantanamera, Changes in Latitudes, Margaretville, Key Largo, Neon Moon.

Rumba   **Beginners**   beginner

Beat	Man		Woman

Beat   **Man**   **Woman**

Basic Box

Q	L-L	R-R
Q	R-close	L-close
S	L-fwd	R-back

Q	R-R	L-L
Q	L-close	R-close
S	R-back	L-fwd

Woman's walk around turn

Q	L-L	R-R
Q	R-close	L-close
S	L-fwd	R-back

Q	R-R	L-L
Q	L-close	R-close
S	R-back; lift L hand for turn signal	L-fwd

Q	L-side	R-90 R & fwd
Q	R-close	L-90 R & fwd
S	L-fwd	R-90 R & fwd

Q	R-fwd w/ 90 L; face each other	L-side
Q	L-close; closed hold	R-close
S	R-back	L-fwd
	Do Box step	

Fifth position break

Q	L-L	R-R
Q	R-close	L-close
S	L-fwd	R-back

Q	R-R	L-L
Q	L-close	R-close
S	R-R (extend outside the box)	L-L

Repeat 2-3 times:

Q	L-behind R (5th pos)	R-behind L (5th pos)
Q	R-rock fwd	L-rock fwd
S	L-side	R-side

Q	R-behind L (5th pos)	L-behind R (5th pos)
Q	L-rock fwd	R-rock fwd
S	R-side	L-side

Exit

Q	L-behind R (5th pos)	R-behind L (5th pos)
Q	R-rock fwd	L-rock fwd
S	L-90L fwd; swing her ¼ turn L	R-side w/ 90 L, in front of him

Rumba   **Offset Break**   beginner

Beat	**Man**	**Woman**
Q	L-L	R-R
Q	R-close	L-close
S	L-fwd	R-back
Q	R-R	L-L
Q	L-close	R-close
S	R-R (extend box)	L-L

Repeat following 6 steps 2-3 times:

Beat	Man	Woman
Q	L-fwd 45 R, outside her	R-back 45 R
Q	R-rock back	L-rock fwd
S	L-side	R-side
Q	R-fwd 45 L, outside her	L-back 45 L
Q	L-rock back	R-rock fwd
S	R-side	L-side

Exit

Beat	Man	Woman
Q	L-fwd 45 R, outside her	R-back 45 R
Q	R-rock back	L-rock fwd
S	L-90L fwd; swing her ¼ turn L	R-side w/ 90L, front of him

Rumba   **Offset Break with Arm Styling**

Beat	**Man**	**Woman**
Start like basic box (left, close, fwd)		
Q	R-R	L-L
Q	L-close	R-close
S	R-R, L hand to her R hip, R arm out	L-L, slide R hand dn his arm, then up arnd to his shldr

Repeat 2-3 times:

Beat	Man	Woman
Q	L-fwd 45 R, outside her	R-back 45 R
Q	R-rock back	L-rock fwd
S	L-side, R hand to her L hip, L arm out	R-side, slide L hand dn his arm, up arnd to his shldr
Q	R-fwd 45 L, outside her	L-back 45 L
Q	L-rock back	R-rock fwd
S	R-side, L hand to her R hip, R arm out	L-side; slide R hand dn his arm, up arnd to his shldr

Exit

Beat	Man	Woman
Q	L-fwd 45 R, outside her	R-back 45 R
Q	R-rock back	L-rock fwd
S	L-90L fwd; swing her ¼ turn L	R-side w/90L, in front of him

Rumba   **Butterfly/Fallaway Breaks**   beginner

Start w/ box step…

Beat	**Man**	**Woman**
S	R-R (extend box to side)	L-L
Q	L-open up to 5th pos, L arm out, R hand on her back	R-open to 5th pos; R arm out; L hand on his back
Q	R-wt shift	L-wt shift
S	L-fwd, 90R to square up	R-fwd, 90L to square up
Q	R-open up to 5th po, R arm out, L hand on her back	L-open to 5th pos; L arm out; R hand on his back
Q	L-wt shift	R-wt shift
S	R-fwd, 90L to square up	L-fwd, 90R to square up
Q	L-open up to 5th pos, L arm out R hand on her back	R-open to 5th pos, R arm out, L hand on his back
Q	R-wt shift	L-wt shift
S	L-fwd; "pop" her around in front of you	R-fwd, 180L to go arnd in front of him

Resume closed hold & box step

Rumba   **Crossover**   beginner

Start w/ box step (QQS) then...

Beat	Man	Woman
Q	R-R	L-L
Q	L-close; extend R arm	R-close
S	R-R; start to bring L hand across	L-L w/ 90 L turn

Repeat 2-3 times:

Beat	Man	Woman
Q	L-90R/fwd in crossover	R-90L/fwd in crossover
Q	R-rock back	L-rock fwd
S	L-back/side w/ 90 L	R-back/side w/ 90 R
Q	R-90L/fwd in crossover	L-90R/fwd in crossover
Q	L-rock back	R-rock fwd
S	R-back/side w/ 90 R	L-back/side w/ 90 L

Exit

Beat	Man	Woman
Q	L-90R/fwd in crossover	R-90L/fwd in crossover
Q	R-rock back	L-rock fwd
S	L-back/side w/ 90 L; Lift L arm	R-back/side w/ 90 R
Q	R-behind L (5th pos)	L-turn cw 180
Q	L-rock fwd	R-turn cw 180
S	R-side	L-side
Q	L-behind R (5th pos)	R-behind L (5th pos)
Q	R-rock fwd	L-rock fwd
S	L-90L fwd; swing her ¼ turn L	R-side 90L, in front of him

Do basic box

Rumba   **Walking Step**   beginner

Beat	Man		Woman
Q	L-L		R-R
Q	R-close		L-close
S	L-fwd		R-back
Q	R-fwd		L-back
Q	L-fwd		R-back
S	R-fwd		L-back
Q	L-fwd		R-back
Q	R-fwd		L-back
S	L-fwd		R-back
Q	R-side		L-side
Q	L-close		R-close
S	R-back		L-fwd

Do basic box

Rumba   **Cucaracha**   beginner

Can do Cucaracha starting to the L or R; open or closed hold; 1, 2, or 3 times
Start on QQ, end on slow

Beat   Man   **Woman**
For example, during standard box, on QQ after slow back step…

Beat	Man	Woman
Q	L-L	R-R
Q	R-wt shift	L-wt shift
S	L-close	R-close
Q	R-R	L-L
Q	L-wt shift	R-wt shift
S	R-Close	L-Close
Q	L-L	R-R
Q	R-wt shift	L-wt shift
S	L-fwd into box	R-back into box

Rumba **Cross-body with Woman's Rev U/A Turn** beginner

Start w/ box step (QQS, QQS) then...

Beat	Man	Woman
Q	L-back/side w/ 90 L; lead her fwd across you	R-fwd
Q	R-close	L-fwd, walk past him
S	L-90 L; swing her arnd in front of you	R-fwd w/ 180 L pivot, R lands back
Q	R-in place; Lift L hand, lead her fwd	L-fwd
Q	L-close	R-fwd w/ 180 L pivot, R lands back
S	R-fwd w/ 90 R to step into her	L-back

Do basic box

Rumba   **5th Position U/A Turns**   interm

Beat	Man	Woman
Basic Box		
Q	L-L	R-R
Q	R-close	L-close
S	L-fwd	R-back
Q	R-R	L-L
Q	L-close	R-close
S	R-R (extend box to side); slide to 2 hand hold	L-L

5th Position U/A Turns

Beat	Man	Woman
Q	L-behind R (5th pos)	R-behind L (5th pos)
Q	R-rock fwd	L-rock fwd
S	L-L; lift L hand	R-R
Q	R-5th pos; lead her U/A turn cw	L-U/A turn cw
Q	L-Rock fwd	R-U/A turn cw
S	R-R, pt toe 90 R	L-L
Q	L-U/A turn cw	R-5th pos
Q	R-U/A turn cw	L-Rock fwd
S	L-L; lift L hand	R-R
Q	R-5th pos; lead her U/A turn cw	L-U/A turn cw
Q	L-Rock fwd	R-U/A turn cw
S	R-R, resume closed hold	L-L
Q	L-5th pos	R-5th pos
Q	R-rock fwd	L-Rock fwd
S	L-90 L into her, lead her arnd in front of you	R-fwd w/ 90L, front of him

Basic Box

Rumba   **Woman's U/A Turns figure 8**   interm

Beat	Man	Woman
Basic Box		
Q	L-L	R-R
Q	R-close	L-close
S	L-fwd	R-back
Q	R-R	L-L
Q	L-close	R-close
S	R-R (extend box to side); slide to 2 hand hold	L-L

Woman's U/A Turns

Beat	Man	Woman
Q	L-behind R (5th pos)	R-behind L (5th pos)
Q	R-rock fwd	L-rock fwd
S	L-L; lift L hand	R-R, pt toe 90 R
Q	R-5th pos; lead her U/A turn cw	L-U/A turn cw
Q	L-Rock fwd	R-U/A turn cw
S	R-R; lift R hand	L-L
Q	L-5th pos; lead her U/A turn ccw	R-U/A turn ccw
Q	R-Rock fwd	L-U/A turn ccw
S	L-L; lift L hand	R-R
Q	R-5th pos; lead her U/A turn cw	L-U/A turn cw
Q	L-Rock fwd	R-U/A turn cw
S	R-R, resume closed hold	L-L
Q	L-5th pos	R-5th pos
Q	R-rock fwd	L-Rock fwd
S	L-90 L into her, lead her arnd in front of you	R-fwd w/ 90L, front of him

Basic Box

Rumba   **Cuban Walk**   interm

Starts with a cross-body lead, followed by man walking a backward circle while woman walks a forward circle

Beat	Man	Woman

Start a Basic Box (QQS) then…

Cross body Lead

Q	R-R	L-L
Q	L-close	R-close
S	R-back w/ 45 L	L-fwd
Q	L-back/side w/ 90 L; lead her fwd across you	R-fwd
Q	R-close	L-fwd, walk past him
S	L-L; swing her arnd to L side	R-fwd w/ 180 L pivot,
		R lands back
Q	R-in place; lead her in beside you	L-back w/ 90L, beside him
Q	L-close	R-close
S	R-back w/ 45 R turn	L-fwd w/ 45 R turn

Cuban Walk (circle walk)

Q	L-back w/ 45 R turn	R-fwd w/ 45 R turn
Q	R-back w/ 45 R turn	L-fwd w/ 45 R turn
S	L-back; wrist flick to turn her twd you	R-fwd w/ R pivot to face him
Q	R-back, short step	L-fwd, long step
Q	L-back, short step	R-fwd, long step
S	R-back, short step; resume closed hold	L-fwd, long step, close to him

Do basic box

Rumba   **Cuban Walk For 2**   interm

Starts with a cross-body lead, followed by man and woman walking side-by-side

Beat	**Man**	**Woman**
	Start a Basic Box (QQS) then…	

Cross body Lead

Q	R-R	L-L
Q	L-close	R-close
S	R-back w/ 45 L	L-fwd
Q	L-back/side w/ 90 L; lead her fwd across you	R-fwd
Q	R-close	L-fwd, walk past him
S	L-L; swing her arnd to L side	R-fwd w/ 180 L pivot, R lands back
Q	R-in place; lead her in beside you	L-back w/ 90 L, beside him
Q	L-close	R-close
S	R-fwd	L-fwd
Q	L-fwd	R-fwd
Q	R-fwd	L-fwd
S	L-fwd	R-fwd
Q	R-fwd	L-fwd
Q	L-fwd	R-fwd
S	R-fwd	L-fwd

Cross-over

Q	L-fwd	R-fwd
Q	R-rock back	L-rock fwd
S	L-back/side w/ 90 L	R-back/side w/ 90 R
Q	R-fwd 90 L in crossover	L-fwd 90 R in crossover
Q	L-rock back	R-rock fwd
S	R-back/side w/ 90 R	L-back/side w/ 90 L
Q	L-fwd 90R in crossover	R-fwd 90L in crossover
Q	R-rock back	L-rock fwd
S	L-back/side w/ 90 L; Lift L arm	R-back/side w/ 90 R

Exit

Q	R-behind L (5th pos)	L-turn cw 180
Q	L-rock fwd	R-turn cw 180
S	R-side	L-side
Q	L-behind R (5th pos)	R-behind L (5th pos)
Q	R-rock fwd	L-rock fwd
S	L-90L fwd; swing her ¼ turn L	R-side w/ 90L, front of him

Rumba   **Woman's Walk-around to Cuban Walk**   interm

Beat	Man	Woman
Woman's walk around turn		
Q	L-L	R-R
Q	R-close	L-close
S	L-fwd	R-fwd
Q	R-R	L-L
Q	L-close	R-close
S	R-back; lift L hand	L-fwd
Q	L-side	R-90 R & fwd
Q	R-close	L-90 R & fwd
S	L-fwd w/ 90 L U/A, pass her, staying left	R-90 R & fwd
Cuban Walk		
Q	R-fwd w/ 90 L; side by side w/ her	L-90 R & fwd
Q	L-back w/ 45 R turn	R-fwd w/ 45 R turn
S	R-back w/ 45 R turn	L-fwd w/ 45 R turn
Q	L-back w/ 45 R turn	R-fwd w/ 45 R turn
Q	R-back w/ 45 R turn	L-fwd w/ 45 R turn
S	L-back w/ 45 R turn	R-fwd w/ 45 R turn
Q	R- back w/ 45 R turn	L-fwd w/ 45 R turn
Q	L-back w/ 45 R turn	R-fwd w/ 45 R turn
S	R-back w/ 45 R turn	L-fwd w/ 45 R turn
Q	L-back w/ 45 R turn	R-fwd w/ 45 R turn
Q	R-back w/ 45 R turn	L-fwd w/ 45 R turn
S	L-back; wrist flick to turn her twd you	R-fwd w/ R pivot to face him
Q	R-back, short step	L-fwd, long step
Q	L-back, short step	R-fwd, long step
S	R-back, short step; resume closed hold	L-fwd, long step close to him

Do basic box

108

Rumba   **Backing Circle Walk**   interm

Start w/ box step (QQS QQ)…

Beat	Man	Woman
S	R-R/fwd 45 (between her ft)	L-L

	Rock FWD/Back	**5th pos rocks**
Q	L-fwd (lead her to R)	R-5th pos
Q	R-rock back	L-Rock fwd
S	L-close	R-R
Q	R-fwd (lead her to L)	L-5th pos
Q	L-rock back	R-Rock fwd
S	R-close	L-L

Do above 6 steps 2X

	Circle Walk	**Backing circle Walk**
Q	L-fwd 90R	R-back/L
Q	R-fwd 90R	L-back/L
S	L-fwd 90R	R-back/L
Q	R-R; lead ccw inside turn	L-turn L
Q	L-CloseR	R-turn L
S	R-R	L-turn L

	Cucaracha to change feet	
Q	L-wt shift	R-wt shift
Q	R-wt shift	L-wt shift
S	L-fwd into box	R-back

Pattern ends ¼ turn L from start

Rumba   **Promenade w/ Ronde & Crossover Swivels**   interm

Beat	Man	Woman

Start with a Basic Box (QQS QQ) then…

S	R-R (extend box to side)	L-L

Promenade

Q	L-behind R (5th pos)	R-behind L (5th pos)
Q	R-rock fwd	L-rock fwd
S	L-fwd in promenade	R-fwd in promenade
Q	R-fwd	L-fwd
Q	L-fwd	R-fwd
S	R-fwd	L-fwd
Q	L-fwd	R-fwd
Q	R-rock back	L-rock back
S	L-ronde back (swing leg ccw)	R-ronde back (swing leg cw)
Q	R-back, swivel hips R; push w/ R hand	L-back, swivel hips L ccw
Q	L-back, swivel hips L; push w/ L hand	R-back, swivel hips R cw
S	R-back w/ 90R cw (face partner)	L-back w/ 90L ccw

Crossover with swivels

Q	L-fwd 90 R in crossover	R-fwd 90 L in crossover
Q	R-rock back	L-rock fwd
S	L-back/side w/ 90 L (face partner)	R-back/side w/ 90 R
QQS	swivel R, swivel L, swivel R (hips only not shoulders)	swivel L, R, L

Exit

Q	L-fwd 90R in crossover	R-fwd 90L in crossover
Q	R-rock back	L-rock fwd
S	L-back/side w/ 90 L; Lift L arm	R-back/side w/ 90 R
Q	R-behind L (5th pos)	L-turn cw 180
Q	L-rock fwd	R-turn cw 180
S	R-side	L-side
Q	L-behind R (5th pos)	R-behind L (5th pos)
Q	R-rock fwd	L-rock fwd
S	L-90L fwd; swing her ¼ turn L	R-side w/ 90 L, front of him

Basic Box

Rumba   **Jazzy 5th pos break**   interm

Start w/ box step (QQS QQS) then…

Beat	**Man**	**Woman**
Q	L-L	R-R
Q	R-close	L-close
S	L-L; L hand down	R-R
Q	R-pivot 180 R (cw), back-to partner	mirror him
	Extend R arm out, keep L hand dn	
Q	L-wt shift	
S	R-pivot 180 L, face her; R hand grasp her L	
	Release L hand, R hand dn	
Q	L- pivot 180 L, back-to partner	
	Extend L arm out, keep R hand dn	
Q	R-wt shift	
S	L-pivot 180 R, face her; L hand grasp her R	
	Release R hand, L hand dn	
Q	R-pivot 180 R (cw), back-to partner	
	Extend R arm out, keep L hand dn	
Q	L-wt shift	
S	R-pivot 180 L, face her; Lift L hand	
Q	L-fwd/R 45 angle; turn her 180 cw	R-pivot 180 R (back-to him)
		Ft lands 45 angle R/fwd
Q	R-fwd/R 45 angle; turn her 180 cw	L-pivot 180 R (face him)
		Ft lands 45 angle L/back
S	L-fwd to closed hold	R-back
Q	R-R	mirror him
Q	L-close	
S	R-back	

Box step

Rumba   **Sweetheart Circle Walk**   interm

Start w/ box step…(QQS QQ…)

Beat	Man	Woman
S	R-R (extend box to side) Go to 2-hand hold	L-L
Q	L-Back	R-Back
Q	R-Rock fwd	L-Rock fwd
S	L-close; Lead her to SH on R	R-Sweetheart on his R

[Version 1, easy]

Q	R-fwd R, cw circle walk (360)	L-back R
Q	L-fwd R	R-back R
S	R-fwd R	L-back R
Q	L-fwd R	R-back R
Q	R-fwd R	L-back R
S	L-fwd R, finish cw circle walk	R-back R
Q	R-back	L-back
Q	L-rock fwd	R-rock fwd
S	R-close; Release her from SH, to clsd hold	L-exit from SH
Q	L-L into box step	R-R into box step

Pattern ends where it started

[Version 2, more complex]

Q	R-fwd, circle cw (180 total)	L-back, circle cw
Q	L-fwd, circle cw	R-back, circle cw
S	R-fwd, circle cw	L-back, circle cw
Q	L-back	R-back
Q	R-rock fwd	L-rock fwd
S	L-close; send her out fwd/L in front of you	R-fwd/L (back-to, in front)
Q	R-R; turn her 180 cw U/A	L-180R traveling turn, facing
Q	L-R; turn her 180 cw U/A	R-180R traveling turn, back to
S	R-R; turn her 180 cw U/A	L-180R traveling turn, facing
	Square up w/ closed hold	

Cucaracha (on wrong foot for box step, so cucaracha to change feet)

Q	L-wt shift	R-wt shift
Q	R-wt shift	L-wt shift
S	L-fwd into box	R-back

Pattern ends 180 from start

Rumba   **Rope Spin**   advanced

Start with box step…

Beat	Man	Woman
S	R-R (extend box to side) 1-hand hold	L-L

Inside pickup

Q	L-back	R-back
Q	R-fwd/L	L-fwd
S	L-fwd w/ 90R; lift L hand, lead her fwd & 180L R hand catch her back	R-fwd w/ 180 Rev U/A turn

Walk-around to Rope Spin

Q	R-fwd 90R	L-fwd w/ 90 R turn (st ½ circle walk)
Q	L-fwd 90R	R-fwd w/ 90 R turn
S	R-fwd 90R turn twd her Lift L hand, turn her 180-270 R cw Keep R hand on her back Facing same dir as start	L- fwd w/ 90 R turn, facing pivot 270R in place, Xover slide R ft up on toe
Q	L-L, pt L; Lift L hand over head to back of neck; R hand guides her behind you	R-fwd/R to walk ½ circle around him
Q	R-pivot 90 L	L-fwd/R
S	L-side/L to line up side-by-side facing same dir (90L from start). Inside feet fwd	R-fwd/R

Free Spin

Q	R-fwd w/ 90L (facing)	L-fwd w/ 90R
Q	L-back w/ 180L (back-to)	R-back w/ 180R
S	R-fwd w/ 180L (facing) Closed hold	L-fwd w/ 180R

Cucaracha to change feet

Q	L-wt shift	R-wt shift
Q	R-wt shift	L-wt shift
S	L-fwd into box	R-back

Pattern ends to L & 180 from start

Rumba   **Grapevines, Xover, Fencing Check**   advanced

Beat	Man	Woman

Beat   **Man**   **Woman**

Basic Box

Cross-body to 2-hand hold

Q	L-back w/ 90L	R-fwd
Q	R-close to L	L-fwd
S	L-fwd w/ 90L; slide to 2-hand hold	R-fwd w/ 180L (face him)

Grapevine R to Cross-over

Q	R-R	L-L
Q	L-Xfront	R-Xfront
S	R-R	L-L
Q	L-R w/ 90R in Xover step; relse R hand	R-L w/ 90L
Q	R-rock back	L-rock back
S	L-back/side-L; keep R hand free	R-back/side-R, facing him

Grapevine L to Fencing Check w/ Woman's U/A Turn

Q	R-Xfront; Turn her 180 cw	L-side 180R
Q	L-L; Turn her 180 cw	R-side 180R
S	R-Xfront; 2-hand hold	L-Xfront
Q	L-L	R-R
Q	R-Xfront	L-Xfront
S	L-L	R-R
Q	R-Xfront; fencing check, L hand fwd, R back	L-Xfront in fencing check
Q	hold	hold
S	L-rock back	R-rock back

Grapevine R w/ Woman's U/A Turn

Q	R-R; release R hand	L-L
Q	L-Xfront; turn her 180 ccw	R-side 180L
S	R-R; turn her 180 ccw	L-side 180L

Cucaracha to Box

Q	L-wt shift; closed hold	R-wt shift
Q	R-wt shift	L-wt shift
S	L-fwd	R-back

Basic Box

Rumba   **Swivels w/ Rope Spin**   advanced

Beat	Man	Woman
S	R-R (extend box to side) UB rotates R	L-L & pivot 90 R
Q	L-wt shift; give her a cw turn lead	R-swing back & arnd 270 R cw Foot in line w/ his
Q	R-pt R	L-slide back to R ft, pt L
S	L-fwd/R in 180 R pivot; land out to L (she's on your R)	R-fwd (behind him, short step) L-close to R w/ 180 R pivot, toe only

Woman's Swivels

Beat	Man	Woman
Q	R-wt shift	L-fwd
Q	L-wt shift	R-fwd w/ 180 pivot L, land fwd
S	R-wt shift	L-fwd w/ 180 pivot R, land fwd
Q	L-wt shift	R-fwd w/ 180 pivot L, land fwd
Q	R-wt shift	L-fwd w/ 180 pivot R, land fwd
S	L-wt shift (she's on your R)	R-fwd w/ 180 pivot L, land fwd Pt 45 R angle twd him

Walkaround to Rope Spin

Beat	Man	Woman
Q	R-fwd, pt R	L-fwd w/ 90R turn (st ½ circle walk)
Q	L-fwd w/ 90 R turn	R-fwd w/ 90 R turn
S	R-fwd/R w/ 90+ turn twd her Lift L hand, turn her 180-270 R cw Keep R hand on her back	L-fwd w/ 90 R turn (face him) Pivot 270 R in place (legs Xover) slide R ft up on toe
Q	L-L, pt L; Lift L hand over head to back of neck; R hand guides her behind you	R-fwd/R to walk ½ circle arnd him
Q	R-pivot 90 L	L-fwd/R
S	L-back w/ 90 L; wrist flick to turn her twd you	R-fwd/R, close L to R w/ pivot 180+ R to face him, L toe touch

Cucarachas (still 1-hand hold)

Beat	Man	Woman
Q	R-R	L-L
Q	L-wt shift	R-wt shift
S	R-close	L-close
Q	L-L	R-R
Q	R-wt shift	L-wt shift
S	L-fwd into box	R-back

Pattern ends 90 L from start

Rumba   **Rope Spin to Open Rocks**   advanced

Beat	Man	Woman
S	R-R & slightly back, extend box to side Relse R hand	L-L & slightly back

Open Break

Q	L-back, 5th pos, push her back to fingertip hold	R-back (5th pos)
Q	R-fwd/L Xfront	L-rock fwd
S	L-fwd/side w/ 90 R turn Lead her across in front w/ U/A turn; R hand catches her back; resume closed hold	R-fwd, 180L piv w/ U/A turn

Walkaround to Rope Spin

Q	R-fwd/R walk-around ea other	L-side-L (face him)
Q	L-fwd/R	R-fwd/R
S	R-fwd/R w/ 90+ turn twd her Lift L hand, turn her ~270 R cw Keep R hand on her back	L-fwd/R, facing, outside him Pivot ~270R in place/xovr slide R ft up on toe

Woman's Walk-around to Snap Back

Q	L-side-L; Lift L hand over head to back of neck; R hand guides her behind you	R-fwd/R to walk behind him
Q	R-fwd small	L-fwd long step behind him
S	L-back/side/90L; wrist flick to turn her twd you	R-fwd long, close L to R w/ 180+ R pivot, L toe only; end off to his L, facing slightly R

Woman's U/A Turn & Open Rocks

Q	R-back; Lead her fwd/R across in front of you; Lift L hand	L-L, long, fwd across him
Q	L-L w/ 90 R; lead her U/A turn	R-fwd w/ 180 L ccw pivot
S	R-fwd w/ point twd her	L-back, face him
Q	L-fwd	R-back
Q	R-rock back	L-rock fwd
S	L-fwd small	R-back sm

Go into box

Pattern ends facing same direction as start

Rumba   Sweetheart Shadow Swivels   advanced

Beat	Man	Woman
S	R-R & slightly back, extend box to side, release R hand	L-L & slightly back

Open Break

Q	L-Back, 5th pos, push her back to fingertip hold	R-back (5th pos)
Q	R-fwd/L Xfront	L-rock fwd
S	L-fwd/side w/ 90 R turn	R-fwd, 180L piv w/ U/A trn
	Lead her across in front w/ U/A turn;	
	R hand catches her back; resume closed hold	

Walkaround to Rope Spin

Q	R-fwd/R walk-around ea other (face her)	L-side-L (face him)
Q	L-fwd/R	R-fwd/R
S	R-fwd/R w/ 90+ turn twd her	L- fwd/R (facing him, outside
	Lift L hand, turn her ~270 R cw	pivot ~270R in place, xovr
	Keep R hand on her back	slide R ft up on toe

Woman's Walk-around to Snap Back

Q	L-side-L; Lift L hand over head to back of neck; R hand guides her behind you	R-fwd/R to walk behind him
Q	R-fwd sm	L-fwd long step behind him
S	L-back/side/90L; wrist flick to turn her twd you	R-fwd lng, close L to R
	(Thru here, same as Rope Spin to Open Rocks)	& pivot 180+ R; L toe touch only
		End off to his L, facing slightly R

Double Syncopated Xbody to R Lunge Position

Q	R-fwd/R w/ 180 L pivot	L-fwd across him (head L)
	Lead her fwd to your L	
&	L-hold; lift L hand; pivot her L ccw	R-fwd [w/ 180 L pivot]
Q	R-hold; R hand on her back (signals clsd hold)	L-fwd [or bk w/180L pivot]
&	L-fwd/90L (face her), closed hold	R-fwd w/180L pivot (facing)
S	R-fwd/side w/ 90 L turn	L-back/side w/ 90 L turn
	(face 90 L from start)	

Closed Cucarachas

Q	L-wt shift	R-wt shift
Q	R-wt shift	L-wt shift
S	L-wt shift	R-wt shift

Rumba   **Sweetheart Shadow Swivels**   pg 2

Pivots & Woman's Ronde

        Pull R shoulder back to lead her

Q	R-90 R;	L-fwd/side, 90R arnd his R ft
Q	L-fwd/side w/ 90R pivot arnd her ft	R-Back/side w/ 90 R
	Rotate her to your R side	
S	wrap her arnd your R leg	L-fwd 90R, wrap arnd his leg
	R-fwd/90R Lunge to lead her in Ronde	swing R ft out arnd 180 cw,
		land back beside him in
		promenade,
		Toe pt down, touch only

Sweetheart

Q	R-pivot 90R (yes, R ft again)	R-rock back
Q	L-fwd/side w/ 90 R	L-side/fwd
S	2-hand hold, Turn her in to sweetheart pos	R-fwd, pivot 90L into SH
	R-90R in place	(slightly R & fwd of him)
	L-side-L	

Shadow Swivels

Q	L-wt shift	L-L/fwd across him
Q	R wt shift; swivel her	R-close, swivel 180R, R fwd
S	L wt shift; swivel her	L-close, swivel 180L, L fwd
		(@ 90 angle to him, L
		shldr to him)

Syncopated Rollout

Q	R-pivot 90 R; lift L hand; Roll her R	R-back w/ 180R Pivot
&	pivot her cw; relse R hand	L-close [pivot 360R,toe only]
Q	hold	L-fwd sm w/ 180R pivot
S	hold	L-lands back sm

Rocks

Q	L-fwd	R-back
Q	R-rock back	L-rock fwd
S	L-fwd; resume closed hold	R-back

Box

Q	R-side	L-side
Q	L-close	R-close
S	R-back	L-fwd

Pattern ends 180 from start

Rumba   **Shadow Paddle Turns**   advanced

Beat	Man	Woman
S	R-R & slightly back, extend box to side Release R hand	L-L & slightly back

Open Break

Q	L-back, 5th pos, push her back to fingertip hold	R-back (5th pos)
Q	R-rock fwd	L-rock fwd

Hand Change Spin (Texas Tommy)

S	L-fwd, just L of her ft R forearm to her L side L hand dn behind her	R-fwd, just inside his R ft
Q	R-X behind L w/ 90 R pivot Pass her R hand to your R hand	L-fwd/side w/ 90 R turn slide R hand to L; L arm up
Q	L-Side w/ 90 R turn Pull R hand to pivot her	R-pivot 270R, land fwd, away from him, bring L arm dn
S	R-fwd	L-fwd, pivot 180R, L lands back sm
Q	L-fwd	R-back (180 fr st)
Q	R-behind L w/ 90 R pt,; L Xhand below R	L-rock fwd
S	L-back, pt fwd; Lead her fwd, but still on L side	R-fwd (still off to his left)

Syncopated Finger Turn to Ronde (R hand leads)

		(Spin across in front of him)
Q	lead her fwd/side to face you, L hand up	L-fwd/side w/90R, face him
&	turn her cw 180; both hands up	R-back/side w/ 180 R
Q	turn her cw 180; Hold R hand higher than L	L-close to R w/ 180 R pivot (face him) pass L arm over head from back to front
&	Let her R arm slide thru L hand hold; turn her cw 180 w/ R-hand	R-back/side w/ 180 R
S	Turn her 270R; Both hands dn to waist, R lower Push R arm fwd till her L wrist is at your R elbow to lead her in Ronde	L-fwd/270R (st dir), L bk Twist a little R R-Ronde arnd 270 R… Body turn is 90R

Rumba   **Shadow Paddle Turns**

U/A Turn

Q   R-lands in back X (beside
                                                                              him, facing fwd)
Q   R-fwd Xfront w/ 90 R   L-back/side w/ 90L
           Pull R hand back (her fwd); raise L hand
S   L-fwd/side w/ 90 R turn   R-fwd w/ 180 L pivot
           Raise R hand; lwr L; then 90 R pivot
           (R hand remains up, in bet you)

Shadow Paddle Turns

Q   R-hold; pass R hand to R over her head   L-pivot 180R in place, to
              Pull L hand L, then to her L shldr   tuck into his L arm
Q   R-fwd (she's on your L side)   R-fwd
S   L-fwd (180 from st)   L-fwd (same dir as st)

Merengue

Merengue is a fun and casual dance. It is much more about the hand and arm movements than the footwork. It is also a dance where you should feel free to be creative and make up your own movements. Everything is done to a count of 1,2 1,2, etc. When shifting weight to the left foot, push the left hip out. When shifting weight to the right foot, push the right hip out. Do as much fancy arm styling as possible. Music to dance Merengue includes Suavemente, Se Me Sube, Café Con Leche.

Merengue   **Beginners**   beginner

Beat	Man		Woman

Basic (closed hold; make a slow circle ccw)

Beat	Man		Woman
1,2	L-L, R-close		R-R, L-close
3,4	L-L, R-close		R-R, L-close
5,6	L-L, R-close		R-R, L-close
7,8	L-L, R-close		R-R, L-close

Basic in half time (closed hold; make a slow circle ccw)

Beat	Man		Woman
1	L-L	Hold on beat 2	R-R
3	R-close	Hold on beat 4	L-close
5	L-L	Hold on beat 6	R-R
7	R-close	Hold on beat 8	L-close

Breakaway

Beat	Man	Woman
1	L-fwd	R-back
2	R-close	L-close
3	L-in place	R-in place
4	R-in place	L-in place
5	L-back	R-fwd
6	R-close	L-close
7	L-in place	R-in place
8	R-in place	L-in place

Cucaracha

Beat	Man	Woman
1	L-L	Natural opposite
2	R-wt shift	
3	L-close	
4	R-R	
5	L-wt shift	
6	R-close	
7	L-L	
8	R-close	

Circular Swivels (closed hold)
Man does 2-step swivels in-place rotating L ccw
Woman does 2-step swivels walking a circle around the man

Merengue   **Merengue-cont**   beginner

Wrap Around (hammer lock)

Go to 2-hand hold.

Lead woman into wrap around (hammer lock) position on your R side. Slowly walk around in a cw circle with standard 1,2 count and hip sways.

Then unwrap from wrap around (hammer lock) position. You can continue turning to enter hammer lock on your left side and slowly walk around in a ccw circle with standard 1,2 count and hip sways.

Return to basic

Arm Slide

Go to 2-hand hold. Keep feet doing standard 1,2 count with hip sways.

Step fwd beside each other, lift both arms over each other's heads. Place her R hand on your L shoulder behind your neck. Place your R hand on her L shoulder behind her neck. Circle walk cw while slowly sliding arms across each other's shoulders and down the arms to a one-hand hold. Then lift her hand and turn her in tight inner circles ccw while you walk the opposite direction (cw) in a wider circle around her.

Cha Cha

Cha cha is done in 4/4 time. Cha Cha steps are made up of a series of numbers that correspond to the musical beats. However, cha cha also includes a syncopated beat. Cha cha count is 1 2 3 4&. You take a step on the first three beats per measure, then take two steps on the fourth, syncopated beat ("4&"). ChaCha music includes Cherry Pink and Apple Blossom White, Smooth, Bahama Mama, Swavaceto (Never Met a Girl Like You), The Girl From Ipanema, Pretty Women.

124

Cha Cha　　　　　　　　　　　**Beginners**　　　　　　　　　　beginner

Beat	Man		Woman
Basic A (side-to-side)			
1	L-side/L		R-side/R
2	R-back		L-fwd
3	L-rock fwd		R-rock back
4	R-R		L-L
&	L-close		R-close
1	R-side/R		L-side/L
2	L-fwd		R-back
3	R-rock back		L-rock fwd
4	L-L		R-R
&	R-close		L-close

Crossover

Beat	Man		Woman
1	L-side/L		R-side/R
2	R-back		L-fwd
3	L-rock fwd		R-rock back
4	R-R		L-L
&	L-close		R-close
1	R-side/R		L-side/L
2	L-90R & fwd		R-90L & fwd
3	R-rock back		L-rock back
4	L-back & 90L		R-back & 90R
&	R-close		L-close
1	L-side/L		R-side/R
2	R-90L & fwd		L-90R & fwd
3	L-rock back		R-rock back
4	R-back & 90R		L-back & 90L
&	L-close		R-close

Repeat last 2 groups 2-3 times

Exit

Beat	Man		Woman
1	R-side/R		L-side/L
2	L-90R & fwd		R-90L & fwd
3	R-rock back		L-rock back
4	L-back & 90L		R-back & 90R
&	R-close		L-close
1	L-side/L		R-side/R
2	R-behind L (5th pos)	[man can also do a]	L-cross-over R [walk R turn]
3	L-rock fwd	[360 ccw turn]	R-pivot 360 in place [R turn]
4	R-R/side		L-L/side
&	L-close		R-close

Back to basic A (side-to-side)

Cha Cha   **Crossover with double rock**   beginner

Beat	Man	Woman

Start with basic A (side-to-side)

Beat	Man	Woman
1	L-side/L	R-side/R
2	R-back	L-fwd
3	L-rock fwd	R-rock back
4	R-R	L-L
&	L-close	R-close
1	R-side/R	L-side/L
2	L-90R & fwd	R-90L & fwd
3	R-rock back; hold her hand firmly fwd	L-rock back
4	L-Rock fwd	R-Rock fwd
5	R-rock back; bring her hand firmly back	L-rock back
6	L-back & 90L	R-back & 90R
&	R-close	L-close
1	L-side/L	R-side/R
2	R-90L & fwd	L-90R & fwd
3	L-rock back; hold her hand firmly fwd	R-rock back
4	R-Rock fwd	L-Rock fwd
5	L-rock back; bring her hand firmly back	R-rock back
6	R-back & 90R	L-back & 90L
&	L-close	R-close

Repeat last 2 groups 2-3 times

Exit

Beat	Man	Woman
1	R-side/R	L-side/L
2	L-90R & fwd	R-90L & fwd
3	R-rock back	L-rock back
4	L-back & 90L	R-back & 90R
&	R-close	L-closc
1	L-side/L	R-side/R
2	R-behind L (5th pos) [man can also do a]	L-cross-over R[walk R turn]
3	L-rock fwd [360 ccw turn]	R-pivot 360 in place[R turn]
4	R-R/side	L-L/side
&	L-close	R-close

Back to basic A (side-to-side)

Cha Cha   **Cross-body Lead**   beginner

Beat	Man	Woman

Start with Basic A (side-to-side): 1 2 3 4&, 1 2 3

Beat	Man	Woman
4	L-back/side w/ 90 L; lead her fwd across you	R-fwd
&	R-close	L-fwd, close to R
1	L-L	R-fwd
2	R-wt shift	L-fwd
3	L-90L; lead her fwd w/ 180 ccw pivot	R-fwd w/ 180 L pivot
4	R-R	L-L
&	L-close	R-close

Continue with Basic A (side-to-side)

Cha Cha   **Basic B (fwd-&-back)**   beginner

Beat	Man	Woman
1	L-side/L	R-side/R
2	R-back	L-fwd
3	L-rock fwd	R-rock back
4	R-fwd	L-back
&	L-fwd/close (can lock step)	R-back/close (can lock step)
1	R-fwd	L-back
2	L-fwd	R-back
3	R-rock back	L-rock fwd
4	L-back	R-fwd
&	R-back/close (can lock step)	L-fwd/close (can lock step)
1	L-back	R-fwd
2	R-back	L-fwd
3	L-rock fwd	R-rock back
4	R-fwd	L-back
&	L-fwd/close (can lock step)	R-back/close (can lock step)

Repeat above 2 groups 2-3 times

Cha Cha   **Woman's Inline Turn**   beginner

Beat	Man	Woman
	After Basic B or Cross-triple	
1	L-back; lift L hand	R-fwd
2	R-back	L-cross L over R
3	L-rock fwd	R-pivot 360
4	R-fwd	L-back
&	L-fwd/close (can lock step)	R-back/close (can lock step)
1	R-fwd	L-back

128

Cha Cha   **Cross Triple**   beginner

Angle shoulders to match feet. When left foot moves forward, point left shoulder forward. When right foot moves forward, point right shoulder forward. When left foot moves back, point left shoulder back. When right foot moves back, point right shoulder back.

Start with a Basic B (fwd and back). On back rock switch to 2-hand hold.

Beat	Man	Woman
4	R-fwd	L-back
&	L-fwd/close (can lock step)	R-back/close (can lock step)
1	R-fwd	L-back
4	L-fwd	R-back
&	R-fwd/close (can lock step)	L-back/close (can lock step)
1	L-fwd	R-back
4	R-fwd	L-back
&	L-fwd/close (can lock step)	R-back/close (can lock step)
1	R-fwd	L-back
2	L-fwd	R-back
3	R-rock back	L-rock fwd
4	L-back	R-fwd
&	R-back/close (can lock step)	L-fwd/close (can lock step)
1	L-back	R-fwd
4	R-back	L-fwd
&	L-back/close (can lock step)	R-fwd/close (can lock step)
1	R-back	L-fwd
4	L-back	R-fwd
&	R-back/close (can lock step)	L-fwd/close (can lock step)
1	L-back	R-fwd
2	R-back	L-fwd
3	L-rock fwd	R-rock back

Do entire pattern 2 times

Resume closed hold and basic step

Cha Cha   **Chase Step**   beginner

Start with Basic B step (fwd & back).
On man's back rock-step release hands, but continue Basic B footwork
After 4 & 1 fwd steps, then…

Beat	**Man**	**Woman**
2	L-fwd	R-back
3	R-pivot 180 R, in place, wt to front/R ft	L-rock fwd
4	L-fwd	R-fwd, follow him
&	R-fwd/close (can lock step)	L-fwd/close (can lock step)
1	L-fwd	R-fwd
2	R-fwd	L-fwd
3	L-pivot 180 L, in place, wt to front/L ft	R-pivot 180 R, in place, wt to front/R ft
4	R-fwd, follow her	L-fwd
&	L-fwd/close (can lock step)	R-fwd/close (can lock step)
1	R-fwd	L-fwd

Do above steps 2 times. Then…

2	L-fwd	R-fwd
3	R-rock back; resume closed hold & Basic B	L-pivot 180 L, in place, wt to front/L ft

130

Cha Cha   **Chase Crossover**   beginner

Start with Basic B step (fwd & back).
On man's back rock-step release hands, but continue Basic B footwork
After 4 & 1 fwd steps, then…

Beat	Man	Woman
2	L-fwd	R-back
3	R-rock back	L-rock fwd
4	L-back w/ 90 L	R-fwd, follow him
&	R-close	L-fwd/close (can lock step)
1	L-90 L	R-fwd
2	R-fwd	L-fwd
3	L-rock back	R-rock back
4	R-back w/ 90 R	L-back w/ 90 L
&	L-close	R-close
1	R-90 R	L-90 L
2	L-fwd	R-fwd
3	R-rock back	L-rock back
4	L-back w/ 90 L	R-back w/ 90 R
&	R-close	L-close
1	L-90 L	R-90 R
2	R-fwd	L-fwd
3	L-rock back	R-rock back
4	R-back w/ 90 R	L-back w/ 90 L
&	L-close	R-close
1	R-90 R	L-90 L
2	L-fwd	R-fwd
3	R-rock back	L-rock back
4	L-back	R-back w/ 90 R
&	R-back/close (can lock step)	L-close
1	L-back; resume closed hold	R-90 R

Back to basic A or B

Cha Cha   **NY Step**   beginner

Start with Basic B (fwd & back).
Then after the man's fwd rock step as he starts back…

Beat	Man	Woman
4	L-back; release R hand	R-fwd
1	R-R, point toe, touch only, extend R hand	L-L, toe touch, ext L hand
2	R-back; closed hold	L-fwd
3	L-rock fwd	R-rock back
4	R-fwd	L-back
&	L-fwd/close (can lock step)	R-back/close (can lock step)
1	R-fwd	L-back
2	L-fwd	R-back
3	R-rock back	L-rock fwd

Repeat above 2-3 times, then resume Basic A (side-to-side) or Basic B (fwd and back)

Cha Cha   **Two-way U/A Turn (slide by)**   interm

Start with Basic A (side-to-side)

Beat	Man	Woman
2	L-back in 5th pos; release R hand	R-back in 5th pos
3	R-rock fwd	L-rock fwd

Slide Back and Forth, with Woman in Front of Man

Beat	Man	Woman
4	L-fwd w/ 90R; lead her fwd in front of you	R-fwd w/ 90L
&	R-close to left foot	L-close to R foot
1	L-90R and back, lead her in U/A turn	R-90L, back where he started
2	R-back in 5th pos	L-back in 5th pos
3	L-rock fwd	R-rock fwd
4	R-fwd w/ 90 L; lead her fwd in front of you	L-fwd w/ 90R
&	L-close to R foot	R-close to L foot
1	R-90L and back; lead her in U/A turn	L-90R, back to where u st'd
2	L-back in 5th pos	R-back in 5th pos
3	R-rock fwd	L-rock fwd

Do the above two groups 2-3 times

Exit
Resume Basic A

Cha Cha   **Parallel Break**   interm

While doing Basic A "4 & 1" to the right, place her R hand in your R for cross-hand hold…

Beat	Man	Woman
2	L-back in 5th pos	R-back in 5th pos
3	R-rock fwd	L-rock fwd
4	L-rock back; lead her fwd to your R side	R-fwd w/ 90L
&	hold, fake step to switch to her footwork	L-close to R
1	R-rock fwd	R-90L, back beside him
	Hold her R hand @ her R shldr	
	Hold her L hand @ her L shldr	
2	L-back in 5th pos	L-back in 5th pos
3	R-rock fwd	R-rock fwd

Move Back and Forth Together

Beat	Man	Woman
4	L-fwd w/ 90 R	same as man
&	R-close to L	
1	L-back w/ 90R	
2	R-back in 5th pos	
3	L-rock fwd	
4	R-fwd w/ 90L	same as man
&	L-close to R	
1	R-back w/ 90L	
2	L-back in 5th pos	
3	R-rock fwd	

Do the above 2 groups 2-3 times

Exit

Release her L hand and turn her out with R hand

Beat	Man	Woman
4	L-fwd	L-fwd w/ 90 R
&	fake step to switch off her footwork	R-close to L
1	R-fwd	L-back w/ 90R
2	L-fwd	R-back
3	R-rock back; resume closed hold	L-rock fwd

Resume Basic A

Note: you can also do two groups of "4&123" by leading her across to your left side, then back to your right side.

Cha Cha   **Threesies**   interm

Start like doing a crossover…

Beat	Man	Woman
1	R-side/R	L-side/L
2	L-90R & fwd	R-90L & fwd
3	R-rock back	L-rock back
4	L-back & 90L to side, touch w/ R palm	R-back/90R to side, palm touch
&	R-close	L-close
1	L-side/L	R-side/R
2	R-90R & back behind L; lead her ccw	L-90L & back behind R
&	L-back/close (can lock step)	R-back/close (can lock step)
3	R-back	L-back
4	L-back & 90L to side; lead her cw	R-back & 90R to side, facing
&	R-close to L; clasp w/ R hand, relse w/ L	L-close to R
1	L-side/L	R-side/R
2	R-90L & fwd	L-90R & fwd
3	L-rock back	R-rock back
4	R-back & 90R to side, touch w/ L palm	L-back/90L to side, palm touch
&	L-close	R-close
1	R-side/R	L-side/L
2	L-90L & back behind R; lead her cw	R-90R & back behind L
&	R-back/close (can lock step)	L-back/close (can lock step)
3	L-back	R-back
4	R-back & 90R to side; lead her ccw	L-back & 90L to side, facing
&	L-close; clasp w/ L hand, relse w/ R	R-close
1	R-side/R	L-side/L
2	L-90R & fwd	R-90L & fwd
3	R-rock back	L-rock back
4	L-back & 90L to side	R-back & 90R to side
&	R-close	L-close
1	L-side/L	R-side/R
2	R-cross-over L	L-cross-over R[walk R turn]
3	L-pivot 360 in place	R-pivot 360 in place[R turn]
4	R-R/side	L-L/side
&	L-close; closed hold	R-close

Back to basic A (side-to-side)

Cha Cha   **Heal-Toe Swivels**   interm

Start with a Basic A, to a cross-over on the right, then…

Beat	**Man**	**Woman**
4&1	LRL-to L w/ 2-hand hold	RLR-to R
2	R-heal to L instep; push w/ R hand	L-heal to R instep
3	R-toe to L instep; push w/ L hand	L-toe to R instep
4&1	RLR-to R w/ 2-hand hold	LRL-to L
2	L-heal to R instep; push w/ L hand	R-heal to L instep
3	L-toe to R instep; push w/ R hand	R-toe to L instep

Do above 2 sets 2 times

Beat	**Man**	**Woman**
4&1	LRL-to L w/ 2-hand hold	RLR-to R
2	R-pivot 90R, relse R hand (side-by-side)	L-pivot 90L
3	L-fwd w/ 45L, angle twd her	R-fwd w/ 45R, angle twd him
4&1	RLR-to R; resume closed hold	LRL-to L

Back to basic A (side-to-side)

Cha Cha   **Cross Over w/ Palm Touch**   interm

Beat	Man	Woman
Start like regular cross-over step		
4&1	Basic to the right	
2,3	Cross-over rock-step on right side	
4	L-Back	R-back/90R
&	R-Back, lock step	L-close
1	L-Back, present L palm to her L palm	R-R/90R, face him, palm tch
2	R-Back	L-FWD
3	L-Rock FWD	R-Rock back
4	R-FWD/90L	L-Back/90L [opt 360 turn]
&	L-close	R-close
1	R-R/90L, present R palm to her R palm	L-L/90L, face him, palm tch
2	L-Back	R-FWD
3	R-Rock FWD	L-Rock back
4	L-FWD/90R	R-back/90R [opt 360 turn]
&	R-close	L-close
1	L-L/90R, present L palm to her L palm	R-R/90R, face him, palm tch
2	R-Back	L-FWD
3	L-Rock FWD	R-Rock back
4	R-FWD/90L	L-Back/90L [opt 360 turn]
&	L-close	R-close
1	R-R/90L, present R palm to her R palm	L-L/90L, face him, palm tch
2	L-Back	R-FWD
3	R-Rock FWD	L-Rock back
4	L-FWD/90R	R-back/90R [opt 360 turn]
&	R-close	L-close
1	L-L (side only, sq up to her), No hand touch	R-R (side only, sq up to him)
Exit w/ 360 turn on L side		
2	R-cross-over L	L-cross-over R
3	L-pivot 360 ccw	R-pivot 360 cw
4&1	Basic to the R, closed hold	

136

Cha Cha   **Sweetheart Forward Walk**   interm

After Basic to the right & rock-step, switch to 2-hand hold

Beat	**Man**		**Woman**	
4&1	LRL in place; lead her into sweetheart		RLR-step fwd & turn into SH	
2	R-back		L-back	
3	L-rock fwd		R-rock fwd	
4	R-fwd		L-fwd	
&	L-behind R	(lock…	R-behind L	lock…
1	R-fwd	…step)	L-fwd	…step
2	L-fwd	(walk)	R-fwd	walk
3	R-fwd	(walk)	L-fwd	walk
4	L-fwd		R-fwd	
&	R-behind R	(lock…	L-behind L	lock…
1	L-fwd	…step)	R-fwd	…step
2,3	RL-in place; unwrap her from sweetheart		LR-unwrap from sweetheart	
4&1	RLR-basic to R, closed hold		LRL-basic to L	

Pattern ends fwd, facing same way as start

Cha Cha   **Wrap Around with Lock Steps**   interm

Wrap & un-wrap her on the 2-3 count

Basic A to L, switch to 2-hand hold

Beat	Man	Woman
Wrap to Hammer Lock		
2	R-back; turn her 180 cw	R-turn 180R cw
3	L-rock fwd; turn her 180 cw for 360 wrap	L-turn 180R cw to complete 360 cw turn
Forward and back		
4	R-fwd	R-back
&	L-behind R (lock…	L-front of L lock…
1	R-fwd …step)	R-back …step
2	L-fwd	R-back
3	R-rock back	L-rock fwd
4	L-back	R-fwd
&	R-lock step	L-lock step
1	L-back	R-fwd
2	R-back	L-fwd
3	L-rock fwd	R-rock back
4	R-fwd	L-back
&	L-behind R (lock…	R-front of L lock…
1	R-fwd …step)	L-back …step
2	L-fwd	R-back
3	R-rock back	L-rock fwd
4	L-back	R-fwd
&	R-lock step	L-lock step
1	L-back ; lift L hand	R-fwd
Unwrap		
2	R-back; turn her 180 ccw to unwrap her	L-turn 180L, ccw
3	L-rock fwd; turn her 180 ccw	R-turn 180L, ccw, face him
4&1	RLR-basic; closed hold	LRL-basic

Cha Cha   **Walk-around to Under-arm Turns**   interm

Start with Basic A (side-to-side)

Beat	Man	Woman
Open Break		
1	R-R; release R hand	L-L
2	L-back	R-back
3	R-rock fwd; closed hold	L-rock fwd
4	L-side; lead her fwd sm on R side	R-fwd sm to L of him
&	R-close	L-fwd sm stutter step to L of him

Beat	Man	Woman
Walk-around to Under-arm Turns		
1	L-fwd w/ 90 R; walk around	R-fwd, outside him, 90 R
2	R-fwd w/ 90 R	L-fwd 90 R, walk arnd
3	L-fwd w/ 90 R; lift L hand to st her turn	R-fwd 90 R, walk arnd
4	R-side w/ 90 R	L-fwd 90R U/A, face him
&	L-close; lead her to R, turning cw	R-back 180R, back to him
1	R-R; turn her to face you, closed hold	L-side 180R, in front of him, face him
2	L-fwd	R-back
3	R-rock back	L-rock fwd

Basic to L

Pattern ends where it started

Cha Cha   **Walk-around to Outside Roll**   interm

Beat	Man	Woman

Open Break

Beat	Man	Woman
1	R-R; release R hand	L-L
2	L-back	R-back
3	R-rock fwd; closed hold	L-rock fwd
4	L-side; lead her fwd sm on R side	R-fwd small
&	R-close	L-fwd sm stutter step

Walk-around to Outside Roll

Beat	Man	Woman
1	L-fwd w/ 90 R; walk arnd	R-fwd, outside him, 90 R
2	R-fwd w/ 90 R	L-fwd w/ 90 R, walk arnd
3	L-fwd w/ 90 R {same as U/A turns to here}	R-fwd pivoting 90 R w/ him
4	R-fwd; [lift L hand]	L-side
&	L-sm fwd; [lead her U/A turn cw]	R-close [pivot 360 R U/A], face him

Hip Catch to Open Break

Beat	Man	Woman
1	R-fwd; R hand on her R hip	L-back
2	L-fwd; L arm fwd (90 L from start)	R-back
3	R-rock back	L-rock fwd
4	L-side w/ 90 R; turn her ccw U/A	R-fwd w/ 180 L U/A pivot
&	R-fwd Xfront, 90 R; closed hold	L-back/close

Xbody Lead w/ Woman's Swivel

Beat	Man	Woman
1	L-fwd/side w/ 90R; lead her across, L to R	R-fwd (90R from start)
2	R-wt shift; lead her fwd & swivel her R (she's on your R)	L-fwd, swivel 180 R, L fwd

Xbody Relse to Xover Step

Beat	Man	Woman
3	L-fwd sm; lead her R-to-L, turn her ccw, relse R	R-fwd, pivot 180 L
4	R-fwd (she's on your L, side-by-side)	L-back/side w/ 90
&	L-Lock… (Xbehind)	R-fwd
1	R…Step (fwd)	L-fwd, short stutter step
2	L-fwd in Xover step (180 fr st)	R-fwd in Xover step
3	R-rock back	L-rock back

Basic

Pattern ends 90R from start

Cha Cha   **Cross-body Lead w/ Tuck-in Free Spin**   interm
(partner must know pattern)

Beat	**Man**	**Woman**

Basic to the R, switch to RxR hold

Beat	Man	Woman
2	L-fwd	R-back
3	R-rock back	L-rock fwd
4	L-back 90L (off track)	R-fwd
&	R-close	L-short step lock…
1	L-L; push R hand out	R-fwd 45R …step
2	R-R; lead w/ R hand fwd (L)	L-fwd across him
3	L-close, toe only; R hand in & R (tuck)	R-fwd 90L, toe only, face him
4	L-90L; push R hand L & release	R-90R fwd
1	R-close; L hand catch her R	L-fwd 180R, free spin
2	L-fwd; closed hold	R-back
3	R-rock back	L-rock fwd

Basic L

End 180 from start

Cha Cha   **Woman's Wrap Around**   interm
(partner must know pattern)

Beat	**Man**	**Woman**
4&1	To R; release R hand	
2	L-back	R-back
3	R-rock fwd; R arm up	L-rock fwd
4	L-close; lead her fwd on R side	R-fwd, slightly L
	put her R hand on your R hip	
&	R-In place; lower R arm outside hers	L-fwd 90R
1	L-In place	R-fwd, behind him w/ R
		arm wrap-arnd
2	R-R; Release L hand	L-fwd 90R; slide R arm
		arnd him
3	L-wt shift; L arm up over her head & dn	R-fwd 90R; keep R hand
		on him
4	R-In place	L-fwd across him
&	L-In place	R-fwd 90R
1	R-In place	L-fwd
2	L-L; R arm FWD over her arm & dn	R-fwd 90R
3	R-In place	L-fwd, behind him
4	L-In place	R-fwd 90R
&	R-In place	L-fwd
1	L-In place; R hand take her R on your R side	R-fwd 90R
2	R-hook behind L	L-side; keep R hand on him
		until now
3	L-360 pivot in place, wt on L; R arm up	R-fwd 90R
4	R-fwd sm U/A, front to back	L-side, slightly back
&	L-fwd sm	R-back sm
1	R-fwd sm; Drop her R hand on L shldr	L-close
	R hand to clsd hold	
2	L-fwd; L hand take her R	R-back
3	R-rock back	L-rock fwd

Basic to L

End same place & dir as start

Cha Cha   **Cross Hands to U Curves**   advanced

Beat	Man	Woman
4&1	Basic to open break on right, switch to R-R Xhand hold	
2	L-back	R-Back
3	R-rock fwd	L-Rock fwd

4&1	LRL-switch sides to L-L Xhand hold
	  180 cw as you switch sides
		RLR-switch sides w/ him
		  180 ccw in 'front' of him

2	R-back	L-Back
3	L-rock fwd	R-Rock fwd

4&1	RLR-switch sides to R-R Xhand hold
	  180 ccw back to orig side
		LRL-switch sides w/ him
		  180 cw in 'front' of him

2	L-back	R-Back
3	R-rock fwd	L-Rock fwd

4&1	LRL-in place; roll her to R side (like SH)
	  R hand hold behind her back
	  L hand hold out to front left, palm up
		RLR-role ccw into his R side

2-3	RL- **fwd walk** to R in cw curve	LR-**Bk walk** to R in cw curve
4&1	RLR- **fwd walk** to R in cw curve (full 360)	LRL-**Bk walk** to R in cw crv
2	L-fwd	R-Back
3	R-rock back	L-Rock fwd
4&1	LRL- **Back walk** to L in ccw curve	RLR-**fwd walk** to L in ccw curve
2	R-back	L-fwd
3	L-rock fwd	R-Rock back
4&1	RLR- **fwd walk** to R in cw curve	LRL-**Back walk** to R in cw curve
2	L-fwd (facing same dir as start)	R-back
3	R-rock back	L-rock fwd

4&1	LRL-turn 90L in place;
	  lead her around you 90L
		RLR-90L fwd walk beside
		    him [lock-step]

2-3	RL-fwd sm; send her ccw in front of you (relse)	LR-fwd 180L (facing him)
4&1	RLR-fwd lock step	LRL-back lock step [or ccw L 360]
2	L-fwd; collect her in closed hold	R-back (facing him)
3	R-rock back	L-rock fwd
4&1	LRL-basic to L	RLR-basic to R

Pattern ends 90L, down the floor

Cha Cha **Walk-around to Outside Roll w/ W's sync'd Grapevine** adv
(Partner must know pattern)

Beat	Man	Woman
Open Break		
1	R-R; release R hand	L-L
2	L-back	R-back
3	R-rock fwd	L-rock fwd
4	L-side; lead her fwd sm on R side	R-fwd sm
&	R-close	L-fwd sm stutter step
Walk-around to Outside Roll		
1	L-fwd w/ 90 R; closed hold	R-fwd, outside him, 90 R
2	R-fwd w/ 90 R walk arnd	L-fwd w/ 90 R, walk arnd
3	L-fwd w/ 90 R	R-fwd pivoting 90 R w/ him
4	R-fwd; [lift L hand]	L-side
&	L-sm fwd; [lead her U/A turn cw]	R-close, [& pivot 360 R U/A], face him
Hip Catch to Open Break		
1	R-fwd; R hand on her R hip	L-back
2	L-fwd; L arm fwd (90 L from start)	R-back
3	R-rock back	L-rock fwd
4	L-side w/ 90 R; turn her ccw U/A	R-fwd w/ 180 L U/A pivot
&	R-fwd Xfront, 90 R; closed hold	L-back/close
Xbody Lead w/ Woman's Swivel		
1	L-fwd/side w/ 90R; Lead her across, L to R	R-fwd (90R from start)
2	R-wt shift; lead her fwd & swivel her R (she's on your R)	L-fwd, swivel 180 R, L fwd
Woman's Syncopated Grapevine w/ closed hold		Travel 360 ccw around him (swivel hips)
&	Walk around	R-fwd/close & pivot 270 L
3	in center	L-back
&	turning 360 ccw	R-back/close & pivot 90 R
4	to stay	L-fwd
&	with her	R-fwd/close & pivot 270 L
1		L-back
&	finish 360 circle	R-back/close & pivot 90 R

144

Xbody Release to Xover Step

2	R-wt shift		L-fwd
3	L-fwd; lead her to turn ccw		R-fwd w/ 180 L pivot
4	R-fwd; cont her ccw turn U/A		L-back/side w/ 90 L
&	L-Lock…	(Xbehind)	R-fwd w/ 180 L pivot U/A
1	R…Step	(fwd)	L-back w/ 180 L pivot, L lands fwd
2	L-fwd in Xover step	{side-by-side}	R-fwd in Xover step
3	R-rock back (180 from st)		L-rock back (same dir as st)
4&1	LRL-basic to the left		RLR-basic to the right

Cha Cha   **Woman's Open Swivels (simplified)**   advanced
(partner must know pattern)

Beat	Man		Woman

Beat **Man**   **Woman**

Basic to R, switch to 2-hand hold

2	L-fwd		R-back
3	R-rock back; ch to over-hand grip		L-Rock fwd
4	L-back/side w/ 90L		R-fwd
&	R-close		L-fwd sm
1	L-L; she's on your R		R-fwd sm (R shldr fwd)

Woman's Open Swivels (simplified)

2	R-lean R, lead her fwd	2	L-fwd
3	L-lean L, lead her L, swivel her L, bk to R	3	R-fwd, swivel 180L, R-fwd
4	R hand pull, L push	4	L-close to R w/ 90 R, on toes, Slight pivot R
&	R hand push, L pull	&	slight pivot L
1	lead her L	1	L-90R, then fwd across him
2	R hand push, L pull	2	R-close to L w/ 90 L, on toes, Slight pivot L
3	R hand pull, L push	3	slight pivot R
4	lead her R	4	R-90L, then fwd across him
&	lean R, lead her R, swivel her cw	&	L-fwd,swivel 180 R, L-fwd
1	lean L, lead her L, swivel her ccw	1	R-fwd, swivel 180 L, R-fwd

Cross-body Lead w/ Man's Roll-in

2	R-wt shift & pivot L ft 90L Lead her fwd/R, swivel her R cw		L-fwd, swivel 180 R, L-fwd (straight dir)
3	L hand up, Relse R hand		R-fwd w/ 180L pivot
4	R-close, turn her ccw		L-back w/ 180L pivot U/A
&	L-fwd (180 from start position)		R-fwd/close, then 180L pivot
1	R-fwd w/ 180L pivot, R lands back, Then pivot another 90L in place (X'd-over) Relse L hand		L-Back/90L; keep R hand on his lwr back

Cross-over

2	L-fwd; L arm OH w/ ccw circle		R-fwd w/ him, on his L side
3	R-Rock Back		L-Rock back
4	L-back/side w/ 90L; L hand catch her R hand		R-back/side w/ 90R
&	R-close		L-close
1	L-L		R-R

Cha Cha   **Woman's Open Swivels (simplified)**   **pg 2**

Cross-body Exit

2	R-pivot 90L in place; lead her fwd across to L	L-fwd, across in front of him
3	L-fwd w/ 90L; turn her ccw, lead her L	R-fwd w/ 180L pivot
4	R-fwd sm; L hand up, turn her ccw U/A	L-back w/ 180L pivot
&	L-fwd/sm	R-fwd w/ 180L pivot
1	R-fwd	L-back
2	L-fwd	R-back
3	R-rock back	L-rock fwd

Ends in start direction

Cha Cha   Forearm Spin & Point-X-Point   advanced

Beat	Man Open Basic on R side		Woman	
Back Lock (1-hand hold)				
2	L-fwd		R-back	
3	R-rock back		L-rock fwd	
4	L-back		R-fwd	
&	R-over L	lock…	L-behind R	lock
1	L-back	…step	R-fwd	…step
Forearm Spin				
2	R-back		L-fwd	
3	L-rock fwd; R hand to her R wrist		R-fwd (keep R arm tone)	
4	R-fwd; push R hand fwd & relse		L-fwd/180R pivot, Free Spins	
&	L-close w/ 180 L pivot		R-back/180R pivot "	
1	R-fwd (R-R Xhand hold)		L-fwd/180R pivot "	
Roll Woman to Shadow				
2	L-fwd		R-back	
3	R-rock back		L-Rock fwd	
4	L-L; R hand up, lead her fwd/R then U/A cw		R-fwd (on his R)	
&	R-back to L ft, w/ V shape, making 90 R turn		L-fwd w/ 180 R pivot U/A	
1	L hand on top of her L shoulder		R-back/side w/ 90 R pivot	
2	L-fwd/side w/ 90 R		L-fwd pivot 90R, L lands in Xfront	
3	R-close; lead her R		R-R/back-sm	
4	L-L w/ 90R pivot; lead her back w/ ccw U/A		L-back w/ 180 L pivot	
&	cont. her turn		R-fwd w/ 180 L pivot U/A	
1	R-R, pt R; move her hand to your L hand		L-back/side w/ 90 L turn (face him)	
Xover w/ Toe Touch				
2	L-fwd to Xover step (180 from start)		R-fwd/L to Xover step (same dir as start)	

3	R-fwd/close w/ 90L, toe touch
	        R palm to her L palm
			L-fwd/close w/90R, toe touch
			        palm touch	

4	R-R, (don't turn); lift L hand		L-L w/ 90L	
&	L-close; lead her R, ccw U/A		R-fwd w/ 180 L pivot U/A	
1	R-R, closed hold		L-bk/side w/ 90L (face him)	
2	L-fwd		R-back w/ 90R	
3	R-rock back		L-rock fwd	
4	L-L; lead her fwd/L across you		R-fwd	
&	R-close		L-behind R	lock…
1	L-L		R-fwd	… step

Cha Cha   **Forearm Spin & Point-X-Point**   **pg 2**

Xbody to Point-X-Point

2	R-back	L-fwd
3	L-fwd/90L, just inside her ft	R-fwd/180L pivot (face him)
4	R-R, toe point; hold her firmly w/ R arm	L-L, toe point
&	R-L Xfront	L-R Xback
1	L-L, toe point	R-R, toe point

Basic

| 2 | L-fwd | R-back |
| 3 | R-rock back | L-rock fwd |

Pattern ends facing same dir as start

Cha Cha **Crossbody w/ Syncopated Spin** advanced

Beat	Man		Woman

Xbody w/ Syncopated Spin

Closed basic 1,2,3,4,& 1,2,3…

Beat	Man	Beat	Woman
4	L-back/side w/ 90L; lwr L hand	4	R-fwd (all sm steps)
&	R-close to L	&	L-fwd ½ step
1	L-L	1	R-fwd ½ step
2	R-wt shift, lwr R elbow, lift L hand	2	L-fwd
&	pop R elbow up & spin her L ccw U/A	&	R-fwd w/ 180 L pivot
3		3	L-back w/ 180 L pivot
&	L-fwd w/ 90L; resume clsd hold	&	R-fwd w/ 180 L pivot
4	R-fwd/side w/ 90L (face her)	4	L-back/side w/ 90L
&	L-close (270 L fr st)	&	R-close
1	R-R	1	L-L

Wrap to Sweetheart

2	L-wt shift, slide to 2-hand hold on R side	R-back w/ 90R
3	R-wt shift; lead her fwd (to your L)	L-rock fwd
4	wrap her into sweetheart	R-fwd w/ 270L pivot in front
&		L-close/wt-shift
1	L-pt L; lead her fwd L, still in SH	R-fwd w/ 90L (fwd beside him)

Outside Roll

2	R-wt shift; send her fwd, U/A cw Lean R & stop her quickly	L-fwd U/A w/ 180 R pivot (face him) right shldr fwd
3	lead her fwd twd you	R-rock fwd
4	L-pt fwd; lwr R hand, raise L OH cw	L-fwd/180 R pivot (across him)
&	relse R hand, cont. to turn her w/ L hand	R-Back w/ 180 R pivot
1	R-pivot 90R (whole body), 2-hand hold	L-FWD w/ 180 R pivot (180 fr st dir)

Woman's Syncopated Grapevine Circle (open hold)

		(travel arnd ½ circle)
2	push L, pull R	R-back w/ 90R pivot
&		L-back w/ 90L pivot
3	L-fwd /side w/ 90 R; push R, pull L	R-fwd
&		L-fwd/close w/ 180 R pivot
4	R-wt shift; push L, pull R	R-back w/ 90R (bk arnd him)
&		L-back/close w/ 180 L pivot
1	L-pivot 90 R in place; push R, pull L (same dir as st)	R-fwd (past him; 90L from st

Woman's Barrel Roll behind man

2	lwr R hand, lead her fwd/R, lift Lhand OH cw	L-fwd/90R arnd him & 270 R pivot Xfront
3	pivot 90L in place; swing R hand R	R-side (back-to-back)
4	relse R hand, lead her L w/ OH cw turns	L-fwd/R w/ 180R pivot, L lands back
&		R-back w/ 180 R pivot (sm steps in place)
1	pivot L 90 in place, wt to R ft (face her)	L-fwd w/ 180 R pivot, L lands to L side
2	L-fwd	R-back
3	R-rock back	L-rock fwd

Pattern ends up the LOD facing 180 from start

Cha Cha   **YO YO Wrap**   advanced

Beat	Man	Woman

Open Break (st facing fwd dn LOD)

Beat	Man	Woman
1	R-R; R-R Xhand hold	L-L
2	L-back	R-back
3	R-rock fwd	L-rock fwd
4	L-fwd; lead her fwd on R to U/A turn ccw	R-fwd/side 90 L U/A turn
&	R-fwd; Xfront w/ 90 R	L-pivot 180 L

YO YO Wrap

Beat	Man	Woman
1	L-fwd; R hand to her R side (w/ hand hold)	R-fwd; pivot 180L (beside him)
2	R-fwd/90R arnd her; L hand on her elbow	L-back w/ 90 R
3	L-fwd/90R; turn her 180 cw w/ R hand	R-back w/ 180 R turn (R fwd dn LOD)
4	R-fwd; [turn her 360 cw U/A]	L-fwd [w/ 360 R U/A pivot]
&	L-fwd sm	R-pivot another 270 R, leave R ft in fwd Xover toe pt

Dual Open Ronde (only leg flairs arnd, body dir unch'd)

Beat	Man	Woman
1	R-fwd; push R hand fwd to lead ronde	R-start ronde, leg arnd 270, R lands in Xback
2	L-ronde leg aournd 180, land in Xfront	
3	R-R, across in front of her, L hand left	L-L, behind him, take his hand
4	L-back/L, (don't turn) relse R hand	R-fwd/90R (facing dn LOD)
&	R-back [loop L hand cw over her head]	L-fwd [w/ 360 R U/A pivot]

Walk-around Circle

Beat	Man	Woman
1	L-L; L hand turns her to face fwd	R-fwd [R lands fwd]
2	R-fwd; R hand catch her R side	L-fwd w/ pivot 180 R, L ft lands to side
3	L-fwd w/ 90 R (dn LOD)	R-back, w/ pivot 270 R, R lands back
4	R-fwd/90R, walk cw arnd	L-back, walk cw, st ½ circle
&	L-fwd/90R, walk cw arnd	R-back; walk cw

Shadow Break Xbody

Beat	Man	Woman
1	R-fwd, heel to L toe, 90 R	L-back; walk cw
2	L-close	R-back; walk cw, end ½ circle
3	R-back	L-rock fwd
4	L-close; L hand to her lwr L back	R-fwd w/ 90 L, across in front of him
&	R-fwd sm; roll her to L in cw spin w/ both hands	L-fwd w/ 180 R pivot, L lands back

Cha Cha   YO YO Wrap

Hip Catch & Free Spins

1	L-fwd/L-90 (up LOD) L hand catch her R hip	R-back, arms st out (dn LOD
2	R-side/back; lead her fwd then spin her ccw	L-fwd
3	L-back (backing dn LOD)	R-fwd [side/90L, R arm up]
4	R-back w/ 90 L	L-fwd [back, free spin 270 L, L lands fwd]
&	L-back/side; R hand on her L shldr blade	R-fwd [free spin 180 L, R lands back]

Walk-around Turn

1	R-close	L-fwd [back, free spin 180 L, L lands fwd]
2	L-fwd/L-90 dn LOD; closed hold	R-fwd arnd him w/ 90 L
3	R-fwd/side (90 L)	L-back behind R w/ 90 L
4	L-fwd, Xfront, w/ 90 L	R-side/Back w/ 90 L
&	R-close (facing up LOD)	L-back behind R w/ 90 L (facing dn LOD)

Lock Steps & Swivels

1	L-pivot 180 L, step into her (dn LOD)	R-pivot 180 L; R foot back
2	R-side	L-back behind R w/ 90 L
3	L-back; relse R hand (backing up LOD)	R-back w/ 90 L
4	R-back (she's on your L side)	L-back
&	L-lock… (R Xfront)	R-lock… (L Xfront)

1	R-…step	(Back)	L…step (Back)
2	L-Swivel		R-Swivel
3	R-Swivel		L-Swivel
4	L-fwd		R-fwd
&	R-Lock…	(Xbehind)	L-Lock… (Xbehind)

Dual Free Spins

1	L…Step	(fwd)	R-…Step (fwd)
2	R-fwd w/ 180 L pivot; relse L hand		L-fwd w/ 180 R pivot
3	L-back w/ 180 L pivot		R-back w/ 180 R pivot
4	R-fwd w/ 180 L pivot		L-fwd w/ 180 R pivot
&	L-Back w/ 180 L pivot		R-back w/ 180 R pivot

Basic

1	R-fwd w/ 90 L; pass L ft & step fwd twd her	L-fwd/side w/ 90 R
2	L-fwd; closed hold	R-back
3	R-rock back	L-rock fwd
4	L-L	R-R
&	R-close	L-close

Ends fwd down the dance floor & 90 L from start direction

Bolero

Bolero is done in 4/4 time. It can use rise and fall like waltz. Bolero steps are made up of a series of quicks and slows: S, Q, Q. The S is the long, power step. The first Q is a small step. The second Q is a medium length step. Many dancers do the two Q steps as a simple rock step. That is incorrect. Bolero is meant to be a romantic, sultry dance.

Bolero   **Beginners**   beginner

The Basic step is a rectangular shape

Beat	**Man**	**Woman**
	Basic: can rotate ccw like waltz	
S	L-L power, R-L slow slide (toe only)	R-R power, L-R slow slide (toe only)
Q	R-back small	L-fwd small
Q	L-fwd medium	R-back medium
S	R-R power, L-R slow slide (toe only)	L-L power, R-L slow slide, toe only
Q	L-fwd small	R-back small
Q	R-back medium	L-fwd medium
	Woman's Underarm Turn	
S	L-L power, R-L slow slide (toe only)	R-R power, L-R slow slide (toe only)
Q	R-back small	L-fwd small
Q	L-fwd medium	R-back medium
S	R-R power, L-R slow slide, extend R hand	L-L power, R-L slow slide, ext L hand
Q	L-behind R (5th pos)	R-behind L (5th pos)
Q	R-rock fwd	L-rock fwd
S	L-L power, R-L slow slide, raise L hand	R-R power, L-R slow slide (toe only)
Q	R-behind L (5th pos)	L-cross over R
Q	L-rock fwd; pivot her 360 cw	R-pivot 360 cw
S	R-R power, L-R slow slide (toe only)	L-L power, R-L slow slide (toe only)
Q	L-fwd small; Resume closed hold	R-back small
Q	R-back medium	L-fwd medium

Bolero   **5th Position Break**   beginner

SQQ   Basic to the L

Beat	Man	Woman

start on R, end on L

Beat	Man	Woman
S	R-R power, L-R slow slide (toe only)	L-L power, R-L slow slide (toe only)
Q	L-open up to 5th pos; keep closed hold	R-open to 5th pos
Q	R-cross-over L, med step	L-cross-over R, med step
S	L-L power, R-L slow slide; relse R hand	R-R power, L-R slow slide (toe only)
Q	R- 5th pos; R arm out; L hand holds her R	L-open to 5th pos; L arm out
Q	L-cross-over R, med step	R-cross-over L, med step
S	R-R power, L-R slow slide; clsd hold	L-L power, R-L slow slide (toe only)
Q	L-open up to 5th pos; keep closed hold	R-open to 5th pos
Q	R-cross-over L, med step	L-cross-over R, med step

Repeat last 6 steps 2-3 times

Exit 1

Beat	Man	Woman
S	L-L power, R-L slow slide; closed hold	R-R power, L-R slow slide (toe inly)
Q	R-back small step	L-fwd small step
Q	L-fwd medium step	R-back, med step

Exit 2
End with woman's underarm turn on left

Bolero   **Offset Breaks**   beginner

SQQ   Basic to the L

Beat	Man	Woman
S	R-R	L-L
Q	L-fwd w/ 45 R outside her	R-back w/ 45 L outside him
Q	R-wt shift	L-wt shift
S	L-L	R-R
Q	R-fwd w/ 45 L outside her	L-fwd w/ 45 R outside her
Q	L-wt shift	R-wt shift
S	R-R	L-L
Q	L-fwd w/ 45 R outside her	R-back w/ 45 L outside him
Q	R-wt shift	L-wt shift
S	L-L, back to Basic	R-R, back to Basic

Bolero   **Progressive Offset Breaks**

SQQ   Basic to the L

Beat	Man	Woman
S	R-fwd/L outside her to your L	L-back
Q	L-L w/ swivel cw	R-L behind R
Q	R-R	L-L
S	L-fwd/R outside her to your R	R-back
Q	R-R w/ swivel ccw	L-R behind L
Q	L-L	R-R
S	R-fwd/L outside her to your L	L-back
Q	L-L w/ swivel cw	R-L behind R
Q	R-R	L-L
S	L-fwd/R outside her to your R	R-back
Q	R-R; turn her ccw	L-L, turn ccw
Q	L-close; cont. to turn her	R-finish turn ccw to face him
S	R-R	L-L
Q	L-sway L	R-sway R
Q	R-sway R	L-sway L

SQQ Basic to the L

Bolero   **Butterfly Break**   beginner

SQQ   Basic to the L

Beat	**Man**	**Woman**

start on R, end on L

S	R-R power, L-R slow slide (toe only)	L-L power, R-L slow slide (toe only)
Q	L-Open up to 5th pos; L arm out, R on her back	R-Open to 5th pos; R arm out, L arm on his back
Q	R-cross-over L, med step	L-cross-over R, med step
S	L-L power, R-L slow slide (toe only)	R-R power, L-R slow slide (toe only)
Q	R-Open up to 5th pos; R arm out; L on her back	L-Open to 5th pos; L arm out; R arm on his back
Q	L-cross-over R, med step	R-cross-over L, med step
S	R-R power, L-R slow slide (toe only)	L-L power, R-L slow slide (toe only)
Q	L-Open up to 5th pos; L arm out, R on her back	R-Open to 5th pos; R arm out, L arm on his back
Q	R-cross-over L, med step	L-cross-over R, med step

Repeat last 6 steps 2-3 times

Exit 1

S	L-L power, R-L slow slide; closed hold	R-R power, L-R slow slide (toe only)
Q	R-back small step	L-fwd small step
Q	L-fwd medium step	R-back, med step

Exit 2

End with woman's underarm turn on left

Bolero   **Crossover**   beginner

Beat	Man	Woman
S	L-L power, R-L slow slide (toe only)	R-R power, L-R slow slide (toe only)
Q	R-back small	L-fwd small
Q	L-fwd medium	R-back medium
S	R-R power, L-R slow slide (toe only) Extend R arm, st to draw L hand across	L-L power, R-L slow slide (toe only)
Q	L-fwd small w/ 90 R for cross-over	R-fwd w/ 90 L for cross-over
Q	R-slide back medium	L-slide back medium
S	L-back/side w/ 90 L, R-L slow slide (toe only) R hand catch her L, L hand release	R-back/side w/ 90 R, L-R slow slide (toe only)
Q	R-fwd small w/ 90 L for cross-over	L-fwd w/ 90 R for cross-over
Q	L-slide back medium	R-slide back medium
S	R-back/side w/ 90 R, L-R slow slide (toe only) L hand catch her R, R hand release	L-back/side w/ 90 L, R-L slow slide (toe only)
Q	L-fwd w/ 90 R for cross-over	R-fwd w/ 90 L for cross-over
Q	R-slide back medium	L-slide back medium

End with either woman's u/a turn or both turn

Exit 1: Woman's Underarm Turn

Beat	Man	Woman
S	L-back/side w/ 90 L, R-L slow slide, toe only; raise L hand	R-back/side w/ 90 R, L-R slow slide (toe only)
Q	R-behind L (5ᵗʰ pos)	L-cross over R
Q	L-Rock fwd; pivot her 360 cw	R-pivot 360 cw
S	R-R power, L-R slow slide (toe only)	L-L power, R-L slow slide (toe only)
Q	L-fwd small; Resume closed hold	R-back small
Q	R-Back medium	L-fwd medium

Exit 2: Both Turn to end Crossover

Beat	Man	Woman
S	L-back/side w/ 90 L, R-L slow slide, toe only give her slight push off w/ L hand	R-back/side w/ 90 R, L-R slow slide (toe only)
Q	R-cross over L	L-cross over R
Q	L-pivot 360 L ccw	R-pivot 360 R cw
S	R-R power, L-R slow slide (toe only)	L-L power, R-L slow slide (toe only)
Q	L-fwd small; Resume closed hold	R-back small
Q	R-Back medium	L-fwd medium

Bolero   **Crossover with Swivels**   beginner

Beat	**Man**	**Woman**
S	L-L power, R-L slow slide (toe only)	R-R power, L-R slow slide (toe only)
Q	R-back small	L-fwd small
Q	L-fwd medium	R-Back medium
S	R-R power, L-R slow slide (toe only) Extend R arm, st to draw L hand across	L-L power, R-L slow slide (toe only)
Q	L-fwd w/ 90 R (small) for cross-over	R-fwd w/ 90 L for cross-over
Q	R-slide back medium	L-slide back medium

Do following section 2 times

Beat	Man	Woman
S	L-back/side w/ 90 L, R-L slow slide (toe only) 2-hand hold (lead signal)	R-bk/side w/ 90R, L-R slow
Q	R-close, swivel hips R; push w/ R hand	L-close, swivel hips L
Q	L-in place, swivel hips L; push w/ L hand	R-in place, swivel hips R
Q	R-in place, swivel hips R; push w/ R hand	L-in place, swivel hips L
Q	L-in place, swivel hips L; push w/ L hand	R-in place, swivel hips R
S	R-R power, L-R slow slide (toe only) Extend R arm, st to draw L hand across	L-L power, R-L slow slide (toe only)
Q	L-fwd w/ 90 R for cross-over (small)	R-fwd w/ 90 L for cross-over
Q	R-slide back medium	L-slide back medium

End with either woman's u/a turn or both turn

Exit 1: Woman's Underarm Turn

Beat	Man	Woman
S	L-back/side w/ 90 L, R-L slow slide; raise L hand	R-back/side w/ 90 R, L-R slow
Q	R-behind L (5th pos)	L-cross over R
Q	L-Rock fwd; pivot her 360 cw	R-pivot 360 cw
S	R-R power, L-R slow slide (toe only)	L-L power, R-L slow
Q	L-fwd small; Resume closed hold	R-back small
Q	R-Back medium	L-fwd medium

Exit 2: Both Turn to end Crossover

Beat	Man	Woman
S	L-back/side w/ 90 L, R-L slow slide (toe only) Slight push w/ L hand to signal her	R-back/side w/ 90 R, L-R slow
Q	R-cross over L	L-cross over R
Q	L-pivot 360 L ccw	R-pivot 360 R cw
S	R-R power, L-R slow slide (toe only)	L-L power, R-L slow
Q	L-fwd small; Resume closed hold	R-back small
Q	R-Back medium	L-fwd medium

Bolero   **Crossbody**   beginner

Beat	Man	Woman
S	L-L power, R-L slow slide (toe only)	R-R power, L-R slow slide (toe only)
Q	R-back small	L-fwd small
Q	L-fwd medium	R-Back medium
S	R-R power, L-R slow slide (toe only)	L-L power, R-L slow slide (toe only)
Q	L-fwd small	R-back small
Q	R-back w/ 45 L, off to R side; Lower L hand to signal cross-body	L-fwd (to L of his fwd ft)
S	L-back/side w/ 90 L; lead her fwd w/ 90 L	R-fwd w/ 90 L (face him)
Q	R-close	L-close
Q	L-90 L; swing her arnd in front of you	R-R w/ 90 L
S	R-R power, L-R slow slide (toe only)	L-L power, R-L slow slide (toe only)
Q	L-fwd small	R-back small
Q	R-back medium	L-fwd medium

Bolero   **Open Cross-body Lead**   interm

SQQ   Basic to the L

Beat	Man	Woman
S	R-power R, L-slide R L hand underhand hold, extend R hand	L-power L, R-slide L
Q	L-fwd small	R-back small
Q	R-back med	L-fwd med
S	L-back/close; lead her fwd to your L then cw pivot	R-fwd/R, pivot cw 180, L ft close (toe only)
Q	tug her hand L so she unwinds; R-wt shift	L-90L
Q	L-90L, face her	R-pivot 180L, in place, to face him
S	R-power R, L-slide R	L-power L, R-slide L
Q	L-5th pos	R-5th pos
Q	R-rock fwd	L-rock fwd
S	L-power L, R-slide L; lift L hand	R-power R, L-slide R
Q	R-5th pos	L-Xover R
Q	L-rock fwd; turn her cw	R-360 turn R (cw)
S	R-power R, L-slide R; resume closed hold	L-power L, R-slide L
Q	L-fwd small	R-back small
Q	R-back med	L-fwd med

Basic

Pattern ends 90L

162

Bolero   **5th Position U/A Turns**   interm

SQQ   Basic to the L
SQQ   Basic to the R

Beat	**Man**	**Woman**
S	L-L; lift L hand	R-R
Q	R-5th pos; lead her U/A turn cw	L-U/A turn cw
Q	L-rock fwd	R-U/A turn cw
S	R-R, pt toe 90 R	L-L
Q	L-U/A turn cw	R-5th pos
Q	R-U/A turn cw	L-rock fwd
S	L-L; lift L hand	R-R
Q	R-5th pos; lead her U/A turn cw	L-U/A turn cw
Q	L-rock fwd	R-U/A turn cw
S	R-R, pt toe 90 R	L-L
Q	L-U/A turn cw	R-5th pos
Q	R-U/A turn cw	L-rock fwd
S	L-L, back to basic	R-R, back to basic

Bolero   **Woman's U/A Turns Figure 8**   interm

SQQ   Basic to the L
SQQ   Basic to the R

Beat	Man	Woman
S	L-L; lift L hand	R-R
Q	R-5th pos; lead her U/A turn cw	L-U/A turn cw
Q	L-Rock fwd	R-U/A turn cw
S	R-R; lift R hand	L-L
Q	L-5th pos; lead her U/A turn ccw	R-U/A turn ccw
Q	R-Rock fwd	L-U/A turn ccw
S	L-L; lift L hand	R-R
Q	R-5th pos; lead her U/A turn cw	L-U/A turn cw
Q	L-Rock fwd	R-U/A turn cw
S	R-R; lift R hand	L-L
Q	L-5th pos; lead her U/A turn ccw	R-U/A turn ccw
Q	R-Rock fwd	L-U/A turn ccw
S	L-L, back to basic	R-R, back to basic

Bolero   **Side Turns**   interm

SQQ   Basic to the L

Beat	**Man**	**Woman**
S	R-R	L-L
Q	L-5th pos; R hand stops her & turn her 90R	R-L, brush 90R
	Lift L hand	
Q	R-rock fwd; Lead her fwd 90 cw	L-fwd, pivot 90R U/A cw
	she'll be back-to, off to L	
S	L-fwd; Lead her back beside you, ext R hand	R-back, extend L hand
	look L at her	look R at him
Q	R-rock back; lead her to rock fwd	L-rock fwd
Q	L-back ; lead her fwd/R 180 ccw, in front of you	R-fwd/R w/180L U/A,
	closed hold	face him, slide L ft to R
S	R-R	L-L
Q	L-fwd small	R-back small
Q	R-back w/ 90R off to side;	L-fwd
	lead her fwd, Lift L hand	
S	L-R/close; lead her fwd & 180/L ccw,	R-fwd w/ 180L U/A; L arm up
	catch her in R arm	
Q	R-R/back; lead her to rock fwd	L-rock fwd
Q	L-90L; lead her fwd 180 ccw, in front of you	R-fwd w/180L ccw, face him
	closed hold	

Basic

S	R-R	L-L

Pattern ends where it started

Bolero   **Dual Swivels to Lunge**   interm

Beat	Man	Woman
Left Turning Basic		
S	L-L, R-L (touch only)	R-R, w/ UB twist R, L-R (toe touch only)
Q	R-back w/ 90 L (lead her across...	L-fwd w/ 90 L
Q	L-L/fwd w/ 90 L ...to opp side)	R-R/back w/ 90 L
Dual Swivels to Lunge		
S	R-side; switch to 2-hand hold	L-side
Q	L-swivel L; push w/ L hand	R-swivel R
Q	R-swivel R; push w/ R hand	L-swivel L
S	L-90R, L lands fwd in Lunge Relse R hand, R arm extended to side L arm fwd, still holding her R hand	R-90L, R fwd in lunge L arm extended to side
Dual sync free spins		
Q	R-rock back	L-rock back
&	L-back, turn 180 L (relse hand), L lands fwd	R-back, 180 R, R lands fwd
Q	R-fwd, turn 180 L, R lands back	L-fwd, 180 R, L lands back
S	L-back/side turn 90 L (face her) Catch her R hand in your L	R-back/side 90 R (face him) R hand up, palm fwd
Woman's Walk-around Turn		
Q	R-5th pos; Lift L hand, Lead her cw turn	L-R Xfront w/ 90+ turn R
Q	L-wt shift	R-turn 90+ R
Basic		
S	R-R, L-R, touch only (to closed hold)	L-L w/ 90+ cw, R-L touch only (face him)
Q	L-fwd sm	R-back sm
Q	R-back med	L-fwd med
S	L-L, R-L (touch only)	R-R, L-R (touch only)

Pattern ends 180 from start

Bolero   **Spiral Neck Wrap**   interm

Beat	Man	Woman

Left Turning Basic to Sit Break

S   L-L, R-L (touch only)   R-R, w/UB twist R, L-R(to)

Q   R-back w/ 90 L   L-fwd w/ 90 L

Q   L-L w/ 90 L (lwr L hand)   R-R/back 90L ccw (face him)

S   R-close to L (relse R hand)   L-back
        Push her back w/ L hand

Q   L-L on toe, R arm out   R-back sm

Q   hold   L-fwd toe pt (sit break)
                             L arm out

Xbody w/ Man's Spiral Neck Wrap

                                      transfer wt to L ft

S   L-close to R; lead her fwd, twd you   R-fwd, toward him

Q   R-back sm (lead her across to L)   L-fwd to R ft (to), piv 90 R
                                      L fwd (in front of him)

Q   L-fwd, lead her L w/ pivot ccw 180   R-fwd, piv 180L, R lands bak

S   R-fwd, pivot 270 L w/ feet X'd   L-back/side(no turn),R-L (to)
        Place her hand on your R shldr   (L & slightly behind him)
        Keep your hand on hers   (facing same dir)
        (on her R; slightly in front of her)

Lunge, Xbody, Xover

Q   L-fwd lunge, slightly left   R-fwd lunge, slightly left

Q   R-rock back; release hand from shoulder   L-rock back, slide hand
                                      across his shldrs
                                        & dn his arm

S   L-back/side w/ 90L (face her)   R-back/side 90R (face him)
        catch her hand in your L hand

Q   R-wt shift (lead her L arnd you)   L-fwd (arnd him on his L)

Q   L-fwd w/ 90 L; lead her fwd w/ ccw pivot   R-fwd, piv 180L, R lands bak

S   R-fwd/side w/ 90L, face her, L toe slide   L-side w/ R toe slide

Q   L-fwd w/ 90R to Xover step   R-fwd w/ 90 L to Xover step

Q   R-rock back   L-rock back

S   L-back/side w/ 90 L, R toe slide   R-back/side 90R, L toe slide
        closed hold to basic

Ends in same position as start

Bolero   **Woman's Ronde to Walk-around**   advanced

Beat	Man	Woman

Left Turning Basic to Sit Break

S	L-L, R-L (touch only)	R-R, w/ UB twist R, L-R,to
Q	R-back w/ 90 L	L-fwd w/ 90 L
Q	L-L w/ 90 L (lwr L hand)	R-R/back w/ 90 L (face him)
S	R-close to L (relse R hand)	L-Back
	Push her back w/ L hand	
Q	L-L on toe, R arm out	R-Back sm
Q	L-R part way, toe only	L-fwd toe pt (sit break),
		L arm fwd

Woman's Swivel

S	L-fwd/side w/ 90 R (stepping past her)	L-fwd
	Lead her fwd, lift left hand for rev U/A turn	R-fwd 180L piv & rev U/A
	to your R, R hand on her back	Head L, R arm Xover L
Q	R-wt shift; Resume closed hold	L-fwd across him;
	Lead her left, then to swivel left	R-close to L w/ 90 L
	& face you	swivel, toe touch
		(facing him)
Q	L-wt shift; Lead her fwd just inside R ft	R-fwd, Just inside his R ft

W's Ronde to Walk-around

	Lead her wrap arnd your R leg	
S	R-fwd/R lunge bet her ft	L-fwd, Wrap arnd his leg
	Lead her to your R side	(pivoting 90 R)
		Swing R ft out arnd cw 180
Q	hold, release R hand; L hand over head	R-land bk beside him in prom
Q	hold; lead her behind you	L-back/90L walk arnd
		behind him

Dual Free Spins

S	L-pivot 90 L in place (side-by-side)	R-fwd, walk beside him
Q	R-fwd/side w/ 90 L (face her)	L-fwd/side w/ 90R (face him)
Q	L-swing arnd 180 L ccw	R-swing arnd 180 R cw
S	R-swing arnd 180 L ccw	L-swing around 180 R cw
	R lands fwd twd her; resume clsd hold	
Q	L-fwd	R-back
Q	R-back	L-fwd

Basic

S	L-back/side L	R-fwd/side R

Pattern ends 90R & down the floor

Bolero   **Shadow Breaks**   advanced

Beat	Man	Woman

Left Turning Basic

S	L-L, R-L (touch only)	R-R, w/ UB twist R, L-R (touch only)
Q	R-back w/ 90 L (lwr L hand)	L-fwd w/ 90 L
Q	L-L w/ 90 L	R-R/back w/ 90 L ccw (face him)

Cross Lead to Shadow Position

S	R-close to L & sm fwd	L-back
	Switch to Xhand hold, L over R	Switch to Xhand hold, L over R
Q	L-fwd	R-back small
Q	R-back behind L w/ 90R	L-slide fwd long
	Lead her fwd w/ R hand, lift L hand	
	then release R hand	
&	L-wt to L & pivot 90 R (extra step to ch ft)	

Shadow Breaks

S	R-back sm; R hand on her waist	R-fwd/long, past him, R arm fwd
	her L hand in your L, close to your chest	
Q	L-fwd; R arm fwd on her waist	L-fwd; L arm left/back; R arm fwd
Q	R-rock back	R-rock back
S	L-back, slightly L; R hand back	L-back sm, inside his R ft, R arm out
	L hand fwd, slide dn to her elbow	
Q	R-back w/ 90 L (slip); L hand to her wrist	R-back sm w/ 90 L (slip)
Q	L-90 L turn	L-90 L turn
S	R-fwd	R-fwd
Q	L-fwd; R arm fwd on her waist	L-fwd, L arm left/back, R arm fwd
Q	R-rock back	R-rock back
S	L-back, slightly L; R hand back	L-back sm, inside his R ft, R arm out
	L hand fwd, slide dn to her elbow	
Q	R-back w/ 90 L; Relse L hand	R-back sm w/ 90 L
Q	L-90 L, toe touch only;	L-90 L turn

Rope Spin

S	L-wt to L ft (ch feet back) turn her to face you	R-fwd & pivot 180 L; L arm up over hd
Q	R-back, outside to L; closed hold	L-fwd; outside to L
Q	L-back; lead her fwd on your R	R-fwd to left, outside him
S	R-back; Lift L hand, turn her cw 270	L-fwd & pivot 270 cw, wt on L,
	keep R hand on her back	legs Xover, slide R ft up on toe
	pass L hand over your head	
	L-back/side w/ 90L	R-R w/ 90 R turn
Q	R-wt shift	L-fwd w/ 180 R pivot
Q	L-pivot 90 L (face her)	R-back w/ 180 R pivot

Bolero   **Shadow Breaks**   pg 2

S   R-fwd, follow her   L-fwd w/ 180 R pivot, L lands back
Q   L-fwd   R-back
Q   R-back   L-slide fwd

Basic
S   L-side   R-side

Ends 90L from start & down the floor

170

Bolero   **Syncopated Tellemark Spins**   advanced

Beat	Man	Woman

Left Turning Basic

S	L-L, R-L (touch only)	R-R, w/ UB twist R, L-R (touch)
Q	R-back w/ 90 L	L-fwd w/ 90 L
Q	L-L w/ 90 L (lwr L hand)	R-R/back w/ 90 L ccw (face him)

Open Break w/ Cross-hand Hold

S	R-close to L & sm fwd
	    switch to X-R-hand hold
		L-back
		    switch to X-R-hand hold

Q	L-fwd	R-back sm
Q	R-pivot 90 R in place lead her fwd w/ R hand	L-slide fwd long

Woman's Spiral

S	L-pivot slight R; R hand over her head,
	    over your head; drop her hand on your
	    R shldr; L hand on her back
		R-fwd (right in front of him)
		    pivot 180 L, R lands back
		    Pivot 90 L in place (legs Xover)
		    R arm arnd his shldrs, L arm out

Q	R-R/fwd in prom (st dir)	L-L/fwd in prom
Q	L-fwd, start to bring her fwd w/ L hand	R-fwd w/ 90 R

Pivots

S	R-fwd bet her ft, bring her over in front
	    w/ both arms wrapped arnd her
		L-fwd/side w/ 90 R in front of him
		    both arms arnd his shldrs (facing)

Q	L-fwd, pivot 180 R, L lands back	R-back, pivot 180 R, R fwd bet his ft
Q	R-back, pivot 90 R, R lands fwd	L-fwd/side w/ 90 R turn arnd his ft

Syncopated Tellemark Spins

S	L-L, R-twd L, toe only	R-90R, L-twd R, toe only
Q	R-back w/ 90 L (slip)	L-fwd/90L, into him
&	L-fwd/slight L (twd her)	R-R/side arnd him w/ 90 L (facing)
Q	R-fwd/side w/ 90 L arnd her	L-back/close w/ 90L
S	L-swing arnd 180 L leave her on your R	R-fwd/R sm
Q	R-wt shift; lead her L arnd you	L-fwd/90L arnd him
&	L-pt 90L bet her ft (face her)	R-fwd, pivot 180 L, R lands back/side R
Q	R-step arnd her w/ 90 L	L-back/close & pivot 90 L
S	L-back w/ 180 L pivot leave her on your R	R-fwd/R sm

Bolero   **Syncopated Tellemark Spins**   pg 2

Xbody to Xover

Q	R-back, lead her L arnd you; relse R hand	L-fwd/90L arnd him
Q	L-fwd	R-fwd w/ 180 L pivot
S	R-fwd	L-back/side w/ 90 L
Q	L-fwd in cross-over step	R-fwd in cross-over step
Q	R-rock back	L-rock back
S	L-back w/ 90L	R-back w/ 90R

Pattern ends 180 from start

Salsa

Salsa is done in 4/4 time. You can dance Salsa in either a closed ballroom hold or a two hand hold. While dancing the basic forward and back step with a two-hand hold, you can enhance the look of the dance by making circles with your hands. The left hand makes a clockwise circular motion. The right hand makes a counter clockwise circular motion. These two circular motions are always done in opposition to each other.

While dancing Salsa, you can choose to "break" on the one beat or on the three beat. The breaking step is the first step that moves forward or back. Thus, you can start the basic Salsa step on either the one or the three beat. Just remember that the Salsa timing is always Quick Quick Slow (1 2 3 pause).

Typical Salsa music includes I Just Wanna Be Happy, Mambo #5, Mas Que Nada, Lloraras, Tequila, Speak UP Mambo, Chivirico, Sway (Quien Sera).

Salsa   **Beginners**   beginner

Beat	Man		Woman
Basic			
Q	L-fwd		R-back
Q	R-rock back		L-rock fwd
S	L-close		R-close
Q	R-back		L-fwd
Q	L-rock fwd		R-rock back
S	R-close		L-close

Progressive

Beat	Man		Woman
Q	L-fwd		R-back
Q	R-rock back		L-rock fwd
S	L-back		R-fwd
Q	R-back		L-fwd
Q	L-rock fwd		R-rock back
S	R-fwd		L-back

Side-to-side

Beat	Man		Woman
Q	L-L		R-R
Q	R-wt shift		L-wt shift
S	L-close		R-close
Q	R-R		L-L
Q	L-wt shift		R-wt shift
S	R-close		L-close

Coombia (Rock Steps)

Can keep closed hold, or go to open pos when you step back in 5th pos

Beat	Man		Woman
Q	L-behind R in 5th pos		R-behind L in 5th pos
Q	R-rock fwd		L-rock fwd
S	L-close		R-close
Q	R-behind L in 5th pos		L-behind R in 5th pos
Q	L-rock fwd		R-rock fwd
S	R-close		L-close

174

Salsa   **Beginners 2**   beginner

Beat	Man	Woman
Cross-over		
Q	L-90R & fwd	R-90L & fwd
Q	R-rock back	L-rock back
S	L-back & 90L to Close	R-back & 90R to Close
Q	R-90L & fwd	L-90R & fwd
Q	L-rock back	R-rock back
S	R-back & 90R to Close	L-back & 90L to Close
Cross-body		
Q	L-fwd	R-back
Q	R-rock back	L-rock fwd
S	L-back/side w/ 90 L; lead her fwd across you	R-fwd walk
Q	R-close	L-fwd, walk past him
Q	L-90 L; swing her around in front of you	R-fwd w/ 180 L pivot, R lands back
S	R-close	L-close
Chase		
Q	L-fwd; release hands	R-back
Q	R-pivot 180 cw in place	L-rock fwd
S	L-fwd	R-fwd, follow him
Q	R-fwd	L-fwd
Q	L-pivot 180 ccw in place	R-pivot 180 cw in place
S	R-fwd, follow her	L-fwd

Do above steps 2 times. Then…

Beat	Man	Woman
Q	L-fwd	R-fwd
Q	R-rock back	L-L-pivot 180 ccw in place
S	L-close; resume closed hold	R-close
5th pos w/ Woman's Under-arm turn		
Q	L-behind R in 5th pos	R-behind L in 5th pos
Q	R-Rock fwd	L-Rock fwd
S	L-L/side; Lift L hand for turn signal	R-Close
Q	R-behind L in 5th pos	L-cross L over R
Q	L-rock fwd	R-360 pivot turn cw
S	R-R/side; resume closed hold	L-L/side

Salsa   **Cross-body & Back**   beginner
                             w/ W's rev U/A turn
                             (like Rumba)

Beat	Man	Woman
QQS	Basic fwd	Basic back
QQS	Basic back	Basic fwd

Cross-body Lead

Beat	Man	Woman
Q	L-fwd	R-back
Q	R-rock back	L-fwd
S	L-back/side w/ 90L (off track)	R-fwd
	slide R hand dn to her waist	
Q	R-side/close	L-fwd
Q	L-L	R-fwd
S	R-turn her 180L; FWD 90L into her	L-fwd w/ 180L
Q	L-fwd	R-back
Q	R-rock back	L-rock fwd
S	L-back/left w/ 45R turn	R-fwd/close

Woman's Reverse U/A Turn

Beat	Man	Woman
Q	R-back 90R (off track); Lead her fwd on R	L-fwd
Q	L-side/close; Lead her fwd, Lwr R hand	R-fwd
S	R-fwd 90R; Lead her U/A turn & step into her	L-fwd w/ 180L U/A turn

Pattern ends where it started

fwd basic

Salsa   **Hand Change Behind Her Back**   interm

Beat	Man	Woman

Start with a Basic (QQS QQ-) then…

Beat	Man	Woman
S	R-R	L-L
Q	L-behind R in 5th pos	R-behind L in 5th pos
Q	R-Rock fwd	L-Rock fwd
S	L-L & slightly fwd, reach your L hand behind her & xfer her hand to your R	R-fwd between his feet
Q	R-cross behind L; lead her in a fwd turn w/ your R hand	L-fwd w/ 180 cw turn
Q	L-pivot 180 cw, L lands L	R-side/R
S	R-close	L-close

Basic

Pattern ends 180 from start

Salsa   **Cross-over Swivels**   interm

Basic

Beat	Man	Woman
Q	L-90R & fwd, L hand hold	R-90L & fwd
Q	R-rock back	L-rock back
S	L-back & 90L; 2-hand hold	R-back & 90R
Q	R-swivel R; push w/ R hand	L-swivel L
Q	L-swivel L; push w/ L hand	R-swivel R
S	R-swivel R; push w/ R hand	L-swivel L

Repeat above 6 steps

Q	L-90R & fwd	R-90L & fwd
Q	R-rock back	L-rock back
S	L-back & 90L, facing	R-back & 90R

Woman's U/A Turn

Lift L hand for turn signal

Q	R-back	L-turn 360…
Q	L-rock-fwd	R-…to the R cw
S	R-close	L-and close facing him

Man's Hand Change Spin   **Basic**

Q	L-fwd	R-back
Q	R-pivot 180 cw, ch her hand L to R behind back	L-rock fwd
S	L-swing arnd 180 cw, close ft, facing her	R-close
	Resume closed hold	

Basic

Q	R-back	L-fwd
Q	L-rock fwd	R-rock back
S	R-close	L-close

178

Salsa   **Pinwheel Turn**   interm

She spins in beside him facing same direction as him. Then she spins back to original position.
During Basic, switch to 2 hand hold R over L

Beat	Man	Woman
Q	L-fwd	R-back
Q	R-rock back	L-rock fwd
S	L-close; lift R hand turning her cw	R-push off & pivot 180 cw
Q	R-back; pinwheel arms to turn her cw…	L-push off & pivot 180 cw
Q	L-rock fwd; …L hand ends behind your head, R arm across in front of her	R-push off & pivot 180 cw
S	R-fwd/close (side-by-side)	L-back/close
Q	L-back	R-back
Q	R-rock fwd	L-rock fwd
S	L-fwd/close; lift L hand, start rev pinwheel ccw	R-push off & pivot 180 ccw
Q	R-fwd; pinwheel arms ccw	L-push off & pivot 180 ccw
Q	L-rock back; pinwheel arms ccw	R-push off & pivot 180 ccw
S	R-close; resume closed hold	L-back/close

Basic

Salsa   **Hand Change Spin, S/he turn, Xbody**   interm

Basic (QQS, QQS)   Open 2-hand hold (or 1-hand; his L, her R)

Beat	Man	Woman
Hand Change Spin		
Q	L-fwd (relse R hand)	R-back
Q	R-pivot 180R; HC behind back	L-rock fwd
S	L-pivot 180R; Lift R hand	R-close
Woman's U/A Turn		
Q	R-back; Turn her U/A cw	L-turn 180 cw
Q	L-rock fwd	R-turn 180 cw
S	R-close	L-close
Man's U/A Turn		
Q	L-fwd; push her back	R-back
Q	R-90R U/A	L-rock fwd
S	L-180R (sideways)	R-close
Xbody Lead		
Q	R-in place; xbody lead her, lwr L hand	L-fwd walk
Q	L-point L	R-fwd walk
S	R-turn 90L; pivot her 180L	L-pivot 180L (ccw)
	Move her hand to your L hand	
	Resume closed hold	

Basic

Salsa   **Promenade w/ Touch Back**   interm

Basic (QQS, QQS)   Closed hold

Beat	**Man**		**Woman**
Promenade			
Q	L-behind R (5th pos)		Natural opposite
Q	R-Rock fwd		
S	L-fwd/L in promenade	walk	
Q	R-fwd	walk	
Q	L-fwd	walk	
S	R-fwd w/ 180 cw pivot	pivot	
Q	L-back (swing L hand back)	Rock	
Q	R-rock fwd	step	
S	L-fwd	fwd	
QQ	R-swivel 90L, toe touch, hand touch	Touch	
S	L-swing back 90R	Back	

Repeat last 6 counts 2X

End			
Q	L-back (swing L hand back)	Rock	
Q	R-rock fwd	step	
S	L-fwd	fwd	
Q	R-swivel 180L, relse L hand	Swivel	
Q	L-pivot 180L in place	pivot	
S	R-fwd w/ 90L to closed posit	close	

Salsa   **Side-steps & Swivel**   interm

Basic (QQS, QQS)   Closed hold

Beat	**Man**		**Woman**
Q	L-fwd		R-back
Q	R-rock back		L-rock fwd
S	L-L/side w/ 90R turn; lead her to R		R-fwd 90R (walk arnd him)
Q	R-back/90R	{Switched to opp sides}	L-fwd 90R (face him)
Q	L-side		R-side
S	R-close/fwd sm		L-close/fwd small
Q	L-R Xback		R-L XBack
Q	R-side/back sm		L-side/back sm
S	L-R Xfront		R-L Xfront
Q	R-R, then swivel arnd & Xover to L		L-L, then swivel arnd & Xover to R
Q	L-side		R-side
S	R-close/fwd sm		L-close/fwd sm

Basic

Pattern: Rock-step, turn R, turn R, side, close
X-Side, side, X-side, swivel, side, close

Ends 180 from start position

Salsa   **Sweet Heart Circle Walk**   interm

Beat	**Man**	**Woman**
QQS	Basic fwd; switch to 2-hand hold	Basic back
Q	R-back; Lead her to SH on R	L-fwd 90L
Q	L-rock fwd	R-back 90L, beside him
S	R-close	L-close, sweetheart on his R
Q	L-fwd R, cw circle walk (360)	R-back R
Q	R-fwd R	L-back R
S	L-fwd R	R-back R
Q	R-fwd R	L-back R
Q	L-fwd R	R-back R
S	R-fwd R, finish cw circle walk	L-back R
Q	L-fwd; Release her from SH, L hand up	R-fwd 90R
Q	R-rock back	L-back 90R
S	L-close	R-close, in front of him
QQS	Basic back, closed hold	Basic fwd

Pattern ends where it started

Salsa   **Sweethearts**   interm

Beat	Man	Woman
QQS	Basic fwd; switch to 2-hand hold	Basic back
Q	R-back; Lead her to SH on R	L-fwd 90L
Q	L-rock fwd	R-back 90L, beside him
S	R-close	L-close, sweetheart on his R

[Optional: step back & forth in SH, like 4-count swing]

Beat	Man	Woman
Q	L-fwd 90R	R-fwd 90R
Q	R-back 90R	L-back 90R
S	L-close	R-close
Q	R-fwd 90L	L-fwd 90L
Q	L-back 90L	R-back 90L
S	R-close	L-close

Roll her out to R then back in to Sweetheart

Beat	Man	Woman
Q	L-hold; relse L hand, pull R	R-90R
Q	R-hold	L-fwd 180R
S	L-hold; Lean out	R-back 90R; Lean out
Q	R-hold; Roll her back in	L-90L
Q	L-hold	R-fwd 180L
S	R-hold; Hand catch	L-fwd 90L

Release her from SH

Beat	Man	Woman
Q	L-fwd; lift L hand, lead her out/fwd	R-fwd 90R
Q	R-rock back	L-back 90R
S	L-close	R-back/close
QQS	R-Basic back	L-Basic fwd
	Closed hold	

Pattern ends where it started

184

Salsa   **Peekaboo**   interm

Beat	Man	Woman
QQS	Basic fwd; switch to RxR hand hold	Basic back
Q	R-back; Lead her to your R side	L-fwd 90L
Q	L-rock fwd	R-back 90L, beside him
S	R-close; L hand takes her L, both by her shldrs	L-close, beside him on his R
Q	L-fwd; Lead her to step back	R-back
Q	R-rock back	L-rock fwd
S	L-close	R-close
Q	R-R behind her; Lead her L in front	L-L in front of him
Q	L-R/Xfront; look L at her	R-L/close; look R at him
S	R-R sm, can lean R	L-L sm, can lean L
Q	L-L behind her; Lead her R in front	R-R in front of him
Q	R-L/Xfront; look R at her	L-R/close; look L at him
S	L-L sm, can lean L	R-R sm, can lean R

Repeat above 6 steps 2-3times

	Release L hand, send her out/fwd w/ R hand	
Q	R-back	L-fwd 90R
Q	L-rock fwd	R-back 90R
S	R-close; switch her hand to your L	L-close, in front of him
QQS	Basic fwd, closed hold	Basic back

Pattern ends where it started

Salsa   **Cross-body Release**   interm
                             (w/ W's outside roll)

Beat	Man	Woman
QQS	Basic fwd	Basic Back
QQS	Basic Back	Basic fwd

Cross-body Release

Beat	Man	Woman
Q	L-fwd	R-back
Q	R-back w/ 90L (off track)	L-rock fwd
S	L-side	R-fwd
Q	R-R/close	L-fwd
Q	L-L/side sm	R-fwd
S	R-close; relse R hand, turn her 180 cw	L-fwd w/ 180R (@ 90 angle, on his L side)
Q	L-fwd; push her hand back slightly	R-back
Q	R-rock back; rock her fwd	L-Rock fwd
S	L-back/close; lead her fwd	R-fwd

Woman's Outside Roll

Beat	Man	Woman
Q	R-back; Lead her fwd w/ 180R cw turn	L-fwd w/ 180R cw turn
Q	L-rock fwd; Lift L hand, turn her 180R cw	R-Back w/ 180R cw U/A
S	R-side, match her; turn her 90R, closed hold	L-fwd w/ 90R, face him

Basic

Beat	Man	Woman
Q	L-fwd	R-back

Pattern ends 90L

Rock, step, fwd
Walk, walk, turn
Rock, step, fwd
Turn, turn, turn

Salsa   **Potporie**   advanced

Beat	Man	Woman

Cross-body Release (start from closed hold)

Beat	Man	Woman
Q	L-fwd	R-back
Q	R-back w/ 90L (off track)	L-rock fwd
S	L-side	R-fwd
Q	R-close; Lead her fwd across	L-fwd
Q	L-90L; Turn her L ccw, relse R hand	R-fwd w/ 180L
S	R-close; 1-hand hold	L-Back/90L (on his L side)

Hand Change Behind Her Back

Beat	Man	Woman
Q	L-fwd; Lead her to rock back	R-back
Q	R-rock back	L-rock fwd
S	L-L; Lead her fwd, put her hand behind her back	R-fwd
Q	R-close; Catch her R hand in your R	L-fwd 180R
Q	L-fwd/90R (behind her)	R-back 180R
S	R-fwd; facing, RxR hands	L-fwd 180R

He Turn, She Turn, Walk-around Turns

Beat	Man	Woman
Q	L-fwd 90R U/A	R-back
Q	R-pivot 90R in place (bk to her)	L-rock fwd
S	L-fwd 180R (st dir)	R-fwd
	Xfer her hand to your L	
Q	R-back sm; Lift L hand, turn her cw	L-fwd 180R U/A
Q	L-90R in place; L hand catch her L hip	R-pivot 90R in place
S	R-back 90R (side-by-side)	L-fwd 90R (on his L)

Circle Walk & Switch sides (put her on your R side)

Beat	Man	Woman
Q	L-back 90R	R-fwd 90R
Q	R-back 90R	L-fwd 90R
S	L-back (slightly behind her; st dir)	R-fwd
Q	R-Xfront; Move R hand to her R hip	L-Xfront (in front of him)
Q	L-L (behind her)	R-R/back
S	R-fwd 90R; L hand take her L	L-back/90R (on his R side)

Salsa   **Potporie**   pg 2

Woman's Rock Back & Rollout

Q	L-fwd 90R	R-back 90R
Q	R-rock back	L-rock fwd
S	L-back; Lead her in front of you	R-fwd/90L
Q	R-back sm; Lift L, turn her cw, relse R	L-fwd 180R
Q	L-fwd 90L	R-back 180R
S	R-fwd into her; R hand on her back	L-fwd 180R
Q	L-fwd basic, closed hold	R-back
Q	R-rock back	L-rock fwd
S	L-close	R-close

End 90R

188

Salsa   **Sit Break**   advanced

Beat	Man	Woman
	Hand Change Behind Her Back (1-hand hold)	
Q	L-back	R-back
Q	R-rock fwd	L-rock fwd
S	L-fwd; R hand to her L side; L to her R hip	R-fwd
Q	R-fwd 90R	L-fwd 180R
Q	L-fwd 90R; R hand catch her L wrist	R-back 180R
S	R-close; Move her hand to your L	L-fwd 180R
	Do above 2X (don't move her hand over the 2nd time)	

Do above 2X (don't move her hand over the 2nd time)

Beat	Man	Woman
	Outside Roll (RxR hand hold)	
Q	L-back	R-back
Q	R-rock fwd	L-rock fwd
S	L-L 90R; LxL hand hold, below R	R-R
Q	R-fwd 90R; Lift R hand, lead her fwd cw	L-fwd 180R
Q	L-L	R-back 180R U/A
S	R-close	L-fwd 180R
	Hammerlock Hold	
Q	L-fwd U/A	R-Xback
Q	R-fwd 90L, back sm	L-fwd
S	L-back (side by side)	R-fwd sm, 90R (on his L)
	Woman's Rollout	
Q	R-back; Relse R hand, roll her fwd/R w/ L	L-fwd 180R
Q	L-in place; Lift L hand	R-back 180R
S	R-close; R hand to her back, L behind head	L-fwd 180R U/A
	Sit Break	
Q	L-back	R-back
Q	R-rock fwd	L-rock fwd
S	L-L; Forearms under her arms	R-fwd 90L (face him), hands on his shldrs
	R-Slide R; Twist her 90L ccw & back	L-pivot 90L, wt on R ft, sit break, L arm holds his R elbow
Q	hold	hold
Q	hold	hold
S	R-close; stand her up, facing you	L-close 90R, facing him

Basic

Salsa   **Shadow Shimmy to Sombrero**   advanced

Beat	Man	Woman

Xbody w/ inside roll (start w/ closed hold)

Q	L-fwd	R-back
Q	R-rock back	L-rock fwd
S	L-back/side w/ 90 L, lead her fwd	R-fwd
Q	R-back, lead her fwd	L-fwd
Q	L-fwd/L 90, turn her 180 ccw (face her)	R-fwd w/ 180 L, R lands back
S	R-close, turn her 180 L U/A, then R hand to her back	L-back w/ 180 L, L lands fwd
Q	L-X behind R, turn her 180L, L hand up,	R-fwd w/ 180L, R lands back
	Then R hand leads her fwd, to your L	
Q	R-fwd sm, relse R hand	L-fwd
S	L-fwd sm w/ 180 R cw U/A (lower knees on turn)	R-fwd/side w/ 90 L ccw
	Turn her L ccw w/ L hand	(behind him)
Q	R-back/close, turn her 180L U/A	L-back w/ 270 ccw, L lands fwd
Q	L-fwd turn her 180L	R-fwd w/ 180 ccw, R lands back
S	R-fwd (starting spot)	L-back/close (starting spot)

Open Break w/ U/A Turn (start w/ 1 hand hold)

Q	L-back	R-back
Q	R-rock fwd	L-rock fwd
S	L-close, move her R hand to your R, up by shldr	R-fwd
Q	R-back 90R, turn her 180 cw U/A	L-fwd w/ 180 cw, L lands back
Q	L-side, turn her 180 R cw	R-back w/ 180 cw, R lands fwd
S	R-L Xfront w/ 90 R; L-L hand Xover	L-fwd w/ 270 cw, L lands back
	Push R arm till elbow at her L wrist	arm push is signal to ronde
	Ronde L leg arnd fwd… (side-by-side)	Ronde R leg arnd backward
Q	L-lands in Xfront, L hand OH, lead her behind, R to L	R-lands in back X behind
Q	R-side, in front of her, under your arm, R arm behind	L-side, in back of him
S	L-X behind (5th pos) (she's on L)	R-fwd small w/ 90 R pt

Roll to Shadow (lead her across L to R)

Q	R-back, relse R hand, turn her R cw, lift L hand	L-fwd w/ 180 cw, L lands back
Q	L-back/close, L hand OH, turn her cw	R-back w/ 180 cw, R lands fwd,
		across him
S	R-side, keep turning her, R arm arnd her waist	L-fwd w/ 180 cw, tuck into him
	Catch her in shadow on your R; pt L ft L, body L	on his R, ft together (180 fr st)

Shadow Shimmy (hips do figure 8)

Q	Shimmy R	R-R w/ Shimmy
Q	Shimmy L	Shimmy L
S	Shimmy R	Shimmy R; L-pt L
	R hand to her arm pit	

Head Roll Turn (Sombrero)

Q	L-back sm, roll her w/ R hand ccw, across to L	R-fwd/L, duck head, 180 ccw pivot, R lands back, head up
Q	R-hold	L-back w/ 180 L ccw pivot, L lands fwd
S	R-close, closed hold (facing)	R-fwd w/ 180 L ccw pivot, R back on toe

Basic

Q	L-fwd	R-back

Ends facing same direction as start

Salsa **Wrist slip to Xhand inside roll** advanced

Beat	Man	Woman
Inside Roll on R side to Sweetheart (start w/ 2-hand hold)		
Q	L-Back	R-Back
Q	R-Rock fwd	L-Rock fwd
S	L-fwd w/ 90 R turn, lift L hand, relse R Lead her across L-to-R U/A	R-fwd/180L pivot, R lands back
Q	R-L Xfront (no turn)	L-Back w/ 90 L turn (keep L hand on R hip)
Q	L-fwd/side 90R, catch her L hand on her R hip	R-fwd w/ 90 L turn
S	R-fwd sm to sweetheart on your R (180 from st)	L-Back into SH (facing st dir)
Man's HC spin to Xhand outside roll		
Q	L-fwd w/ 90+ cw turn, relse R hand	R-Back
Q	R-Back w/ 270 cw pivot, HC behind back	L-Back/close
S	L-Pivot 180R, step fwd (face her) L-L hand Xunder	R-fwd sm
Q	R-X behind L w/ 90R; lift R hand, turn her cw, lift L hand	L-fwd w/ 180 R pivot U/A, L lands back
Q	L-Side; lower R hand (lead her L-to-R)	R-Back w/ 180 R pivot U/A, R lands fwd
S	R-fwd w/ 90R twd her (L hands on R forearm)	L-fwd/180R pivot, L lands back
Wrist slip to Xhand inside roll		
	Lift R arm, pass R wrist thru L hands, recatch L	
Q	L-fwd/R 90, twd her, pass R arm overhead (F-to-B)	R-Back (facing 180 from st)
Q	R-fwd/R 90, pass L arm overhead (B-to-F)	L-Rock fwd
S	L-fwd, lead her fwd beside you	R-fwd (on his R side)
Q	R-pt toe R; lift L; lead her fwd w/ ccw turn	L-fwd
Q	L-slide fwd; cont. her w/ ccw turn	R-fwd/180L pivot, R lands back
S	hold; turn her another 180L ccw	L-Back w/ 180 L pivot, L lands fwd (back to)
Shadow check & Reverse		
Q	hold; Both hands by her shldrs	R-fwd
Q	R-wt shift	L-Rock back
S	L-pivot 90 R in place, Relse L hand, lift R hand	R-back/180R pivot, R lands fwd
Q	R-close (lead her L-to-R)turn her cw U/A	L-fwd sm w/ 180 R pivot, L lands back
Q	L-fwd sm; turn her cw	R-Back sm w/ 180 R pivot, R lands fwd

S	R-fwd/90R twd her; turn her cw
	    L-L hand hold Xunder
		L-fwd sm w/ 180 R pivot,
		    L lands back

R-R Woman's drape to inside roll		
Q	L-fwd; R hand over her head & relse	R-Back sm (180 from st)
Q	R-Back w/ 90L; R hand on her back	L-Rock fwd
S	L-close	R-fwd sm (off to his R)

Salsa   **Wrist slip to Xhand inside roll**

Q   R-Back; lead her fwd to L, lift L hand   L-fwd (in front of him)
Q   L-fwd w/ 90 L; turn her ccw U/A   R-fwd/180L pivot, R lands back
S   R-Close w/90L; R hand arnd her waist (from behind)   L-back/270L pivot, L lands fwd

Circle Walk   (she's on your R)
Q   L-Back ccw walk w/ 90L; L hand over head   R-fwd/90L, walk ccw circle
Q   R-Back ccw walk w/ 90L; drop her hand on your L shldr   L-fwd/90L, walk ccw circle
S   L-Back ccw walk w/ 90L   R-fwd/90L, walk ccw circle

Q   R-Back, lead her fwd/L   L-fwd/90L arnd him, slide arm
                                                                                       arnd
Q   L-Rock fwd; relse R hand   R-fwd/90L arnd him to face him
S   R-Close to L; take her R hand in your L   L-Close to R, L hand free

Pattern ends facing same dir as start

Salsa   **Cross-hand Over-wrap Spin**   advanced

Closed hold Basic (6 cnt) end w/…

Beat	**Man**	**Woman**
S	R-in place	

Open Break & Hand Change (start w/ 1 hand hold)

Q	L-Back	R-Back
Q	R-Rock fwd	L-Rock fwd
S	L-Close, Move her hand to your R	R-fwd

Woman's Outside Roll   **(turn in place)**

Q	R-Back; lead her cw in place	L-fwd sm w/ 180 R U/A
Q	L-Rock fwd	R-90 R
S	R-fwd/side w/ 90 L; move to the R	L-fwd/side w/ 90 R
	L-L hand Xover (she's perp. On your R)	

Cross-hand over wrap spin

Q	L-Back w/ 90 L (side by side)	R-Back
Q	R-Back/side, behind her	L-fwd
S	L-Close to R; turn her ccw	R-fwd w/ 180L pivot
Q	R-fwd; turning her ccw	L-Back w/ 180L Pivot
&	hold; "	R-fwd w/ 180 L pivot
		(all sm steps)
Q	hold; "	L-Back w/ 180 L pivot
S	L-fwd/90L "	R-fwd w/ 180 L pivot
	(behind her; she's on your L)	lands fwd where it started
		On his L, facing opp dir

Reverse to double drape

Q	R-fwd/side w/ 90L, R hand up to turn her	L-fwd w/ 180 R pivot
Q	L-fwd; L hand up for her U/A turn	R-Back w/ 180 R pivot
	Both hands up	L-fwd/180R pivot (face him)
S	R-fwd	
Q	L-fwd, R arm over her head	R-Back
Q	R-in place, L arm over your head	L-in place
S	L-Back	R-fwd
	Closed hold, back to basic or Xbody lead	

Pattern ends facing same way as it started

Salsa **Outside Roll to 2-hand Dish Rag** advanced

Closed hold Basic (6 cnt)

Beat	Man	Woman
	Xbody w/ inside roll (switch to 2-hand hold))	
Q	L-fwd	R-back
Q	R-rock back	L-rock fwd
S	L-back/side w/ 90 L, lead her across	R-fwd
Q	R-back, bring her across	L-fwd
Q	L-fwd/L 90, turn her 180 ccw (face her)	R-fwd/180 L, R lands back
S	R-fwd/side w/ 90 L (R shldr to her)	L-close
	Lift L hand, turn R hand over	
	Man's U/A	
Q	L-pivot 180 L in place; L arm OH (F to B)	R-back
Q	R-close; bring her behind your back U/A	L-rock fwd
S	L-side wide	R-fwd
	Lower L hand; raise R hand; look over R shldr at her	
	Pretzel to Woman's Sweetheart	
Q	R-pivot 90 R (R hand cw loop over her head)	L-fwd/side U/A w/ 90 R
		(back to him)
Q	L-rock in place	R-90 R pivot
S	R-close; lead her to SH w/ L hand behind your back	L-fwd/side 90R turn & 90 R pvt
Q	L-fwd	R-back
Q	R-rock back	L-rock fwd
S	L-back sm (nearly in place); Relse L hand	R-fwd
	Outside Roll to 2-hand dish rag (dip) & Leg crawl	
Q	hold; relse L hand, spin her R cw w/ R hand	L-fwd sm w/ 180 R pivot
Q	L-Rock fwd; lift R hand	R-back sm w/ 180 R pivot
S	R hand cw loop OH & pull her fwd twd you	L-fwd sm w/ 180 R pivot
	R-fwd bet her ft	L lands fwd/side, ft apart
	Catch her R hand in your L, then both hands up	
	to head height	
Q	bend knees a little	hold
Q	dip her	lean back
S	bring her up; move R hand to her back	straighten up
Q	R- wt shift, twist L	twist left
Q	L-wt shift	L-leg crawl (knee up to his hip)
S	R-wt shift, twist back R	L-put foot down, twist back R
Q	L-fwd into basic	R-Back into basic

Pattern ends facing same way as it started

Salsa   **Parallel Reverse**   advanced

Beat	Man	Woman
Cross-body Release (st from closed hold)		
Q	L-fwd	R-back
Q	R-back w/ 90L (off track)	L-rock fwd
S	L-side	R-fwd
Q	R-in place; Lead her fwd across	L-fwd 180R
Q	L-in place; Turn her L ccw, relse R hand	R-back w/ 90L in beside him
S	R-fwd; 1-hand hold side-by-side	L-rock fwd
Cross-over to Parallel Reverse		
QQS	xover to R	
QQS	xover to L	
QQS	xover to R; Relse L hand	
Q	R-back/90L; R hand to her R hip; L hand catch her L	L-fwd/90R (xover to R)
Q	L-rock fwd	R-rock back
S	R-fwd 90R	L-back 90R (st dir)
Circle Walk Forward		
Q	L-fwd 90R	R-back 90R
Q	R-fwd 90R	L-back 90R
S	L-fwd 90R	R-back 90R
Q	R-fwd 90R	L-back 90R
Q	L-fwd 90R	R-back 90R
S	R-fwd 90R	L-back 90R
Woman's Inside Spiral		
Q	L-fwd (start dir)	R-back
Q	R-rock back	L-rock fwd
S	L-back sm; Raise L hand, spiral her L ccw	R-Xfront & spiral 360L
Circle Walk Back		
Q	R-back 90L	L-fwd 90L
Q	L-back 90L; Place her hand on your L shldr	R-fwd 90L
S	R-back 90L; Point L fwd	L-fwd 90L
Q	L-back 90L	R-fwd 90L
Q	R-R (st dir)	L-fwd 90L
S	L-close; L hand catch her R side	R-fwd 90L to face him

Salsa   **Parallel Reverse**

Waist Roll

Q	R-90R; Release R hand, roll her L w/ L hand	L-back 180L
Q	L-fwd 270R	R-fwd 180L
S	R-fwd; L hand take her R	L-close

Basic

Ends in start direction

Salsa **Scallop Swivel** advanced

Beat	Man	Woman

Scallop Swivel (st from closed hold)

Q	L-fwd/L45	R-back/L45
Q	R-45 to R & Rock Back	L-45 to L & Rock fwd
S	L-back; lead her fwd outside R, swivel her R 90	R-fwd outside to L L-close w/ 90R toe only, swivel from hips
Q	R-back; lead her fwd across	L-fwd
Q	L-rock fwd; Lead her across w/ 180L	R-fwd w/ 180L
S	R-fwd 90L st into her	L-land back

Do 2x

Slide to 2-hand hold

Q	L-fwd (start dir)	R-back
Q	R-rock back	L-rock fwd
S	L-back 90L; Lead her fwd ccw	R-fwd 90L; toe pt'd out (R)
Q	R-back; Lead her fwd on your R, swvl, L	L-fwd/180R swivel, land 90L
Q	L-L sm	R-fwd 90L (facing him)
S	R-fwd 90R, facing, slide to 2-hand hold	L-back 90L

Outside Roll to Hammerlock (wrap-around)

Q	L-fwd	R-back
Q	R-rock back	L-rock fwd
S	L-back 90R; Lead her fwd, lift L hand	R-fwd
Q	R-back; Lead her fwd & turn her cw	L-fwd 180R U/A
Q	L-L; turn her cw	R-back 180R
S	R-fwd 90R; turn her cw	L-fwd/close 180R

Walk Around

Q	L-fwd/close	R-back
Q	R-Xfront	L-rock fwd
S	L-fwd 180R; L hand over her head	R-fwd 180L U/A (facing)
Q	R-Xfront; L hand up, Relse R	L-90L/fwd
Q	L-fwd; Turn her ccw	R-fwd 180L U/A
S	R-fwd 90R; Closed hold	L-close

Salsa   **Scallop Swivel**

Barrel Roll

Q	L-fwd/side	R-fwd
Q	R-fwd 90R	L-fwd 90R
S	L-fwd 90R; facing	R-fwd 90R
Q	R-hook behind L; lift L & pivot her R	L-fwd 270R pivot U/A to foot cross
Q	L-fwd sm	R-90R/fwd
S	R-fwd 180L	L-fwd 180L

Basic; Resume Closed hold

Pattern Ends 90R from start

Salsa   **Elbow-hold Turns**   advanced

Beat	Man	Woman
QQS	Cross-body Lead	
Q	R-in place	L-fwd
Q	L-in place	R-fwd 180L
S	move her R hand to your R	L-back 90L; on his L side,
	L hand catch her forearm	slightly in front

Elbow-hold Turns

Q	L-fwd 90L; Push L hand back	R-back
Q	R-fwd 180L across her	L-rock fwd
S	L-back 90L	R-fwd; L hand catch his R
		forearm
Q	R-back	L-fwd 90L; push L hand bak
Q	L-rock fwd	R-fwd w/ 180L across him
S	R-fwd; L hand catch her forearm	L-back 90L
Do 2x		

On last slow step, move her R hand to your L

Cross-over step

Q	L-fwd	R-fwd
Q	R-rock back	L-rock back
S	L-back 90L	R-back 90R

Turn with Shoulder Catch

Q	R-back sm; Lift L hand, lead her cw U/A,	L-90R/fwd U/A
	Stop her w/ R hand on her L shldr	
Q	L-rock fwd; Bring her back	R-rock back
S	R-90R	L-back 90L
Q	L-close to R ft; Lift L hand, turn her ccw	R-fwd 180L U/A
Q	R-R	L-back 180L
S	L-in place; move her R hand to your R	R-fwd
	Lead her fwd across	
Q	R-in place	L-fwd 180R U/A
Q	L-in place	R-back 180R
S	R-face her	L-fwd 180R

QQS   Basic fwd LRL; Switch to closed hold

End in start dircction

Samba

Use flat feet as opposed to heal lead or toe lead. Samba is done in 2/2 "cut time" (or to 2/4 time). Samba count is done as 1, ah, 2. The "1" step is done in ¾ of a beat. The "ah" step is done in the remaining ¼ of a beat. The "2" step is done on beat 2. Thus, Samba is a syncopated dance, making it a fast and challenging dance. Typical Samba music includes Llorare Las Penas, Corazon Latino, Camina Y Ven, Amores Del Sur, Magalenha.

Samba **Beginners** beginner

Beat	Man		Woman

Basic Box (rotate it slowly ccw)

1	L-fwd	R-back
ah	R-side	L-side
2	L-close	R-close

1	R-back	L-fwd
ah	L-side	R-side
2	R-close	L-close

Side-to-Side 5th position (can do "in place" or progressive)

1	L-L/side (L-fwd/L for progressive)	R-R (R-back/R for prog)
ah	R-behind L in 5th pos	L-behind R in 5th pos
2	L-rock fwd	R-rock fwd

1	R-R/side (R-fwd/R for prog)	L-L/side (L-back/L for prog)
ah	L-behind R in 5th pos	R-behind L in 5th pos
2	R-Rock fwd	L-rock fwd

Progressive Twinkle

1	L-fwd w/ 45 turn L	R-back w/ 45 L
ah	R-fwd, parallel to L ft	L-back, parallel to R ft
2	L-close	R-close

1	R-fwd w/ 90 R	L-back w/ 90 R
ah	L-fwd, parallel to R ft	R-back, parallel to L ft
2	R-close	L-close

Do above steps 2 times

1	L-fwd w/ 45 turn L	R-back w/ 45 L
ah	R-fwd, parallel to L ft	L-back, parallel to R ft
2	L-close	R-close

1	R-cross-over L	L-cross-over R
ah	L-L/side	R-R/side
2	R-close	L-close

202

Samba   **Promenade Conversa**   beginner
(Penguin Walk)
Start with side-to-side to promenade position, then…

Beat	Man		Woman
1	L-fwd in prom, hips fwd		R-fwd in prom, hips fwd
ah	R-in place, hips back		L-in place, hips back
2	L-slide back sm		R-slide back sm
1	R-fwd, hips fwd		L-fwd, hips fwd
ah	L-in place, hips back		R-in place, hips back
2	R-slide back sm		L-slide back sm

Repeat the above several times

1	R-fwd	fwd	L-fwd
ah	L-fwd 90R (facing)	side	R-fwd 90L
2	R-close	close	L-close

Samba   **Open Promenade Conversa**

Side-to-side to prom pos

Beat	Man	Woman
1	L-fwd, hips fwd	R-fwd, hips fwd
ah	R-in place, hips back	L-in place, hips back
2	L-back sm	R-back sm
1	R-fwd, hips fwd, relse L hand, open to L	L-fwd, hips fwd, open to R
ah	L-in place, hips back	R-in place, hips back
2	R-back sm	L-back sm
1	L-fwd, hips fwd, hand touch	R-fwd, hips fwd, hand touch
ah	R-in place, hips back	L-in place, hips back
2	L-back sm	R-back sm

Repeat last 6 steps several times

1	R-fwd	L-fwd
ah	L-fwd 90R (facing)	R-fwd 90L
2	R-close; hand hold	L-close

Samba   **Shoulder Taps**   beginner

Side-to-side to 5th pos on R, switch to RxR hand hold
Walk around w/ shldr taps like triple swing: 1-ah-2, 3-ah-4, …, 11-ah-12

Beat	Man	Woman
1	L-L; lift R hand, turn her cw	R-turn R
ah	R-5th pos	L-turn cw
2	L-in place	R-complete 360 turn
3	R-R; switch her hand to your L	L-L
ah	L-5th pos	R-5th
4	R-in place; closed hold	L-in place
1	L-fwd into box	

Samba   **Promenade Walk**

Basic Box

Beat	Man	Woman
1	L-90L/fwd, open to prom	R-90R/fwd, open to prom
ah	R-fwd sm, behind L (lock…	L-fwd sm, behind R (lock…
2	L-fwd …step)	R-fwd …step)
3	R-fwd	L-fwd
ah	L-fwd 90R, hand touch	R-fwd 90L, hand touch
4	R-close	L-close

Repcat several times

Pattern: Walk, lock, step
                  Walk, side, close

Samba   **Offset Break**   beginner

1-ah-2 ½ box

Beat	Man	Woman
3	R-R	L-L
ah	L-fwd/R45	R-fwd/R45
4	R-replace	L-replace
1	L-L	R-R
ah	R-fwd/L45	L-fwd/L45
2	L-replace	R-replace

Do above 6 steps 2-3x, then do 2nd half of box

3	R-back	L-fwd
ah	L-side	R-side
4	R-close	L-close

Samba   **Cross Body**   beginner

Beat	Man	Woman
1ah2	LRL-½ box	RLR-1/2 box
3	R-back/90L	L-fwd
ah	L-side	R-close
4	R-close	L-fwd
1	L-L90/fwd	R- fwd w/ 180L ccw
ah	R-side/R	L-side/L
2	L-close	R-close
3	R-back	L-fwd
ah	L-side/L	R-side/R
4	R-close	L-close

fwd into box

Samba **Cross-over Break** beginner
(Like Rumba)

1-ah-2 ½ box

Beat	Man	Woman
3	R-R	L-L
ah	L-90R/fwd	R-90L/fwd
4	R-rock back	L-rock back
1	L-Back/90L	R-back/90R
ah	R-90L/fwd	L-90R/fwd
2	L-rock back	R-rock back
3	R-back/90R	L-back/90L
ah	L-90R/fwd	R-90L/fwd
4	R-rock back	L-rock back

Repeat above 6 steps, 2-3x

1	L-back/90L; square up w/ closed hold	R-back/90R
ah	R-5th pos	L-5th pos
2	L-rock fwd	R-rock fwd

Second half of box

3	R-back	L-fwd
ah	L-side	R-side
4	R-close	L-close

Pattern ends 90R

Samba   **Pass Woman Back & Forth**   interm

Beat	**Man**	**Woman**
1	L-fwd, down LOD	R-back
ah	R-side	L-side
2	L-close; push her back 90 cw, relse L hand	R-back w/ 90R cw
3	R-fwd/Xfront sm; Lead her left & down LOD	L-fwd, across him
ah	L-fwd/side-L sm	R-fwd 90+L
4	R-5th pos; Turn her & pass her to L hand	L-back 90+L
1	L-fwd/Xfront sm; Lead her R & down LOD	R-fwd, across him
ah	R-fwd/side-R sm	L-fwd 90+R
2	L-5th pos; Turn her & pass her to R hand	R-back 90+R

Repeat above 6 steps several times

To exit…

3	R-fwd/Xfront sm; Lead her in front, facing	L-fwd, in front of him
ah	L-fwd/side-L sm	R-fwd, turn to face him
4	R-close; Closed hold	L-close

FWD into basic box

Samba   **Side Step Traveler**   interm

1-ah-2 ½ Box

Beat	**Man**	**Woman**
3	R-R, pt 45 bk, relse R hand	L-L, pt 45 bk
ah	L-side	R-side
4	R-close	L-close
1	L-L, pt fwd toward her	R-R, pt fwd toward him
ah	R-side	L-side
2	L-close; R palm to her L palm	R-close; L palm to his R palm

Repeat above 6 steps several times

To exit, Resume closed hold & step back for 2nd half of a basic box

3	R-back	L-fwd
ah	L-side	R-side
4	R-close	L-close

FWD into basic box

Samba   **Shadow Twinkle**   interm

1-ah-2 ½ Box, switch to 2-hand hold

Beat	Man	Woman
3	R-back; lead her to SH on your R	L-fwd 90L
ah	L-close	R-back 90L, beside him
4	hold	L-close
1	R-Xover L; 45 angle fwd down LOD	R-Xover L
ah	L-L	L-L
2	R-close; pivot 90R	R-close
3	L-Xover R; 45 angle fwd down LOD	L-Xover R
ah	R-R	R-R
4	L-close; pivot 90L	L-close

Repeat above 6 steps several times

To exit…
Relse L hand, turn her out with R hand & R forearm

1	R-fwd	R-fwd 90R
ah	L-fwd	L-back 90R, face him
2	hold	R-close
3	R-back	L-fwd
ah	L-side	R-side
4	R-close	L-close

fwd into basic box

208

Samba   **Sliding Door**   interm

Basic box

Beat	Man	Woman
1	L arm up, turn her U/A 90R (cw), to your L L-Xover R	R-R w/ 90R
ah	R-side; turn her 90R, put her on your L side	L-fwd/side/90R; to his L side
2	L-5th pos; L hand down	R-5th pos

Sliding Door (like regular side-to-side, but in opp dir's)

Beat	Man	Woman
3	R-Xover L; Lead her R, in front, Relse L hand	L-Xover R, in front of him
ah	L-side; Catch her L hand in your R	R-side; to his R side
4	R-5th pos	L-5th pos
1	L-Xover R; Lead her L, in front, Relse R hand	R-Xover L, in front of him
ah	R-side; Catch her R hand in your L	L-side; to his L side
2	L-5th pos	R-5th pos

Do above 6 steps 2x
To exit… (Man on R)

Beat	Man	Woman
3	L arm up, turn her back in 90L, ccw R-Xover L	L-back w/ 90L
ah	L-side; Turn her 90L, Line up in front of her	R-back w/ 90L; in front of him, facing him
4	R-5th pos	L-5th pos

Fwd into basic box

Samba   **Butterfly**   advanced

1-ah-2 ½ Box, turn to prom

Beat	Man	Woman
3	R-fwd 90R, in front of her	L-fwd sm, down LOD
Ah	L-turn 90+R	R-fwd/close
4	R-turn 90+R	L-fwd
1	L-fwd small, down LOD	R-fwd 90R, in front of him
ah	R-fwd/close	L-turn 90+R
2	L-fwd	R-turn 90+R

Repeat above 6 steps several times

To exit…

3	R-fwd sm; Lead her in front, facing	L-fwd, in front of him
ah	L-side-L small	R-fwd, turn to face him
4	R-close; closed hold	L-close

fwd into basic box

210

Samba   **Woman's turn out-in**   advanced

Basic box

Beat	Man	Woman
1	L arm up, turn her U/A 90+R (cw), out to your L L-R Xfront	R-R w/ 90+R
ah	R-side; turn her 90+R	L-fwd w/ 90+R
2	L-5th pos; turn her 90+R	R-back/90+R (total 360 turn)
3	L arm up, turn her back in 90L ccw R-L Xfront	L-L w/ 90L
ah	L-side; turn her 90L	R-fwd w/ 90L
4	R-5th pos; turn her 90L R hand on her back	L-back w/ 90L, @90 to him L arm up, then back down
1	L arm up, turn her U/A 90R (cw), out to your L L-R Xfront	R-fwd w/ 90R
ah	R-side; turn her 90R	L-fwd w/ 90R, L lands back
2	L-5th pos; turn her 90R	R-back w/ 90R

Do above 6 steps 2-3x, then exit to basic box

Beat	Man	Woman
3	L arm up, turn her back in 90L ccw R-L Xfront	L-L w/ 90L
ah	L-side/fwd w/ 90R; turn her 90L	R-fwd w/ 90L
4	R-5th pos; turn her 90L Facing her, catch her in clsd hold	L-back/90L, @90 to him
1	L-fwd into basic box	

Pattern ends 90R

Samba   **Shuffle**   advanced

Beat	**Man**	**Woman**
1-ah-2	5th position A (side-to-side)	same
	Release R hand; switch L hand to palm up	

Shuffle Right

ah	R-R	L-L
3	L-Xfront	R-Xfront

ah	R-R	L-L
4	L-Xfront	R-Xfront
	switch hands: release w/L, take w/R	

Shuffle Left

1	R-back	L-fwd
ah	L-5th pos	R-5th pos
2	R-Xfront	L-Xfront

ah	L-L	R-R
3	R-Xfront	L-Xfront

ah	L-L	R-R
4	R-Xfront; **Closed hold**	L-Xfront

Basic Box

1	L-fwd, into box	R-back
ah	R-side	L-side
2	L-close	R-close

Pattern ends where it started

Swing Dances (Single, Triple, Four Count, Hustle, West Coast)

All of the swing dances are done in 4/4 time. Pick your feet up off the floor and step, do not drag or slide your feet.

For Single and Triple Swing, the man's right hand goes on the woman's left shoulder blade. His left hand is palm up and holds her right hand down at waist height. You stand at a slight angle to each other so that the man's right shoulder is near to the woman's left shoulder, while their opposite shoulders are slightly farther apart, forming a 45 degree angle between them. Swing your shoulders: when moving R, dip R shoulder; when moving L, dip L shoulder. On the rock step resume neutral (horizontal) shoulder position.

Four Count, Hustle, and West Coast use a two-hand hold. Hustle uses all of the same steps as Four Count but with a timing of 1, 2, &3.

Single Swing

Single Swing is danced to fast music such as Rockin' Robin, Rock Around the Clock, etc. We slow down the steps with timing of S-S-Q-Q. Each slow step (S) takes two beats, each quick step (Q) takes one beat.

Swing your shoulders: on R foot slow step, dip R shoulder; on L foot slow step, dip L shoulder, on Q-Q (rock step) return your shoulders to a neutral, level position.

Single Swing   **Beginners**   beginner

Beat	**Man**	**Woman**
Basic (side-side, Rock-step)		
S	L-L	R-R (side)
S	R-R	L-in place
Q	L-back small (5th pos)	R- back small (5th pos)
Q	R-rock fwd (in place)	L- rock fwd (in place)

Usually repeats 2-4 times

Woman's Under-arm Turn (out and back)

S	L-L; lift left arm for turn signal	R-turn R (cw), out to side
S	R-R	L-turn R (cw), out to side, facing him
Q	L-back small (5th pos)	R-back small (5th pos)
Q	R-rock fwd (in place)	L-rock fwd (in place)
S	L-L	R-turn L (ccw)
S	R-R	L-turn L (ccw), facing him
Q	L-back small (5th pos)	R-back small (5th pos)
Q	R-rock fwd (in place)	L-rock fwd (in place)

Back to Basic

Waist Turn   he places her R hand on his R hip

S	L-fwd, to her L place her R hand on your R hip	R-fwd, slide hand across his lower back to his L side, keep hand contact on his back
S	R-fwd & pivot R (cw) ½ turn Catch her hand in your L	L-fwd/180L pivot to face him
Q	L-back small (5th pos)	R-back small (5th pos)
Q	R-rock fwd (in place)	L-rock fwd (in place)

Usually an under arm turn then back to Basic

Single Swing   **Arm Slide**   beginner

Beat	Man	Woman

Beat **Man**   **Woman**

(after W's U/A or Dble Rev turn)

Waist Turn (to cross-hand hold)

S   L-fwd, to her L   R-fwd, slide hand across his
           place her R hand on your R hip   lower back to his
                                                                  L side, keep hand
                                                                  contact on his back

S   R-fwd & pivot R (cw) ½ turn   L-fwd/180L pivot to face him
           RxR hand catch

Q   L-back small (5th pos)   R-back small (5th pos)

Q   R-rock fwd (in place)   L-rock fwd (in place)

Arm Slide

S   L-FWD w/ 180 turn; Lead her U/A turn ccw   R-fwd w/ U/A turn L ccw
           Drop her R hand on your L shoulder

S   R-close, arm slide   L-close, arm slide

QQ   rock-step; hand catch   Rock-step, hand catch

Basic

Single Swing   **Back Tap**

Back Tap (4 steps back, then 4 tap steps)

Beat	Man	Woman
S	L-L	R-R (side)
S	R-in place	L-in place
Q	L-back 1 (90L and back)	R-back 1 (90R and back)
Q	R-back 2	L-back 2
Q	L-back 3	R-back 3
Q	R-back 4	L-back 4
Q	L-fwd toe tap	R-fwd toe tap
Q	L-close/back in place	R-back in place
Q	R-fwd toe tap	L-fwd toe tap
Q	R-close/back in place w/ 90R; turn her	L-back in place, pivot ¼ L (ccw) to face him
Q	L-fwd toe tap	R-fwd toe tap
Q	R-close/back in place	R-back in place
Q	L-fwd toe tap	L-fwd toe tap
Q	R-close/back in place	L-back in place
QQ	L,R-rock step	R,L-rock step

Single Swing   **Open Break w/ Reverse Turn**   beginner

Switch sides while she does her underarm turn

Beat	Man		Woman
S	L-L		R-R
S	R-in place; relse R hand		L-in place
Q	L-back		R-back
Q	R-rock fwd (in place)		L-rock fwd (in place)
S	L-fwd 90R; lift L hand, lead her fwd past you		R-fwd 90L U/A
S	R-back 90R; cont. her U/A turn		L-back 90L
Q	L-back		R-back
Q	R-rock fwd		L-rock fwd

Can do last 4 steps 2x, then return to basic w/ closed hold

Single Swing   **Promenade Walk**   beginner

Beat	Man		Woman
S	L-90L & fwd		R-90R & fwd
S	R-fwd in prom		L-fwd in prom
Q	L-fwd w/ 90R		R-fwd w/ 90R
Q	R-close		L-close

Usually repeats 2-4 times

Single Swing   **Sweetheart Moves**   beginner

I. Sweetheart Back & Forth (switch to 2-hand hold)

Beat	Man	Woman
Sweetheart Position		
S	L-L; wrap her ccw into…	R- turn ccw into…
S	R-in place; …sweetheart	L- …sweetheart
QQ	L,R-rock Step	R,L-rock Step
Back & Forth		
S	L-fwd/90R; lead her w/ you	R-fwd/90R
S	R-back 90R	L-back 90R
QQ	L,R-rock Step	R,L-rock step
S	L-fwd/90L; lead her w/ you	R-fwd/90L
S	R-back 90L	L-back 90L
QQ	L,R-rock-step	R,L-rock-step

Repeat last 2 sections 2 times. Can end here by releasing here from sweetheart, or continue…

II. Circle Walk

S	L-fwd/R	R-back/R
S	R-fwd/R	L-back/R

Repeat 3X for full circle (12 count)

Can end here by releasing here from sweetheart, or continue…

III. Sweetheart Rollout

S	L-L; roll her out to the side	R-roll out 180 R cw
S	R-in place	L-roll out 180 R cw
QQ	L,R-rock-step	R,L-rock-step
S	L-L; roll her in	R-roll in 180 L ccw
S	R-in place	L-roll in 180 L ccw
QQ	L,R-rock-step	R,L-rock-step

Can do 2 roll-outs

Release Her from Sweetheart

S	L-in place; Lift L hand and nudge her fwd…	R-fwd
S	R-in place; … turn her out from sweetheart	L-fwd/close w/ 180R
QQ	L,R-rock-step	R,L-rock-step

Basic   resume standard hold

218

Single   **Six Stepper**   interm

She circles around him while doing U/A turns. He does a hand-change behind his back

Beat	**Man**	**Woman**
S	L-L; L hand up, send her cw in U/A turn	R-fwd/90R, go to his L side (facing out)
S	R-R; release R hand; L hand down	L-bk/90L, behind him (facing his back)
QQ	L,R-in place; move her hand L to R	R,L-Rock-step
S	L-L; R hand up, lead her cw in U/A turn	R-fwd/90R, go to his R side (facing out)
S	R-R; lower R hand	L-back/ 90L, in front (facing him)
QQ	L,R-Rock-step	R,L-Rock step
S	L-L; R hand up, lead her ccw in U/A turn	R-fwd/90L, go to his R side (facing out)
S	R-R; lower R hand	L-bk/90R, behind him (facing his back)
QQ	L,R-in place; move her hand R to L	R,L-Rock-step, while he moves your hand over
S	L-L; L hand up, lead her ccw in U/A turn	R-fwd/90L, go to his L side (facing out)
S	R-R	L-back w/ 90R, in front (facing him)
QQ	L,R-Rock-step	R,L-Rock step

Back to basic

Single Swing   **Shoulder Taps**   interm

Beat	**Man**	**Woman**

Basic, switch to R X-hand hold

Beat	Man	Woman
1-2	L-fwd, slow walk around ea other swivel her ccw (pull w/ R hand) touch your L hand to her R shoulder	R-fwd
3-4	R-fwd; swivel her cw (push w/ L hand)	L-fwd, touch your L hand to his R shoulder

Do these 4 counts 3X (total of 12 count)

| SS | L,R-spin her out ccw in an U/A turn, switch her R hand to your L | R,L-U/A turn, to basic pos |
| QQ | L,R-rock-step | R,L-rock-step |

Basic w/ closed hold

Single Swing   **Wrap Around Walk**   interm

Beat	**Man**	**Woman**

Basic: go to 2-hand hold

Wrap Around

S	L-L, wrap her cw into…	R- turn cw into…
S	R-in place; …wrap-around	L- …wrap-around
QQ	L,R-rock Step	R,L-rock Step

Circle Walk

| S | L-fwd | R-fwd |
| S | R-fwd | L-fwd |

Repeat 3X for full circle (12 count)

Exit

S	L-L, turn her ccw…	R-R, turn ccw…
S	R-in place, …to unwrap her	L-in place, …to unwrap
QQ	L,R-rock step	R,L-rock step

Basic back to standard hold

Single Swing   **Spot Turn (Lindy)**   interm

Beat	Man	Woman
S	L-L	R-R
S	R-R; release R hand	L-L
Q	L-back	R-back
Q	R-rock fwd	L-rock fwd
S	L-L (wide); draw her fwd bet your ft, resume std hold	R-fwd bet his feet
S	R-pivot 180 cw; pivot her 180 also	L-pivot 180 cw
Q	L-back	R-back
Q	R-rock fwd	L-rock fwd

Do above 4 steps 2-3 times

Basic

Single Swing   **Toe-Heal Swivels**   interm

Switch to 2-Hand Hold (for space)

Beat	Man	Woman
S	L-toe down & in, heal up & out	R-toe dn & in, heal up & out
S	L-heal down & in, toe up & out	R-heal dn & in, toe up & out
Q	R-back small (5th pos)	R-back small (5th pos)
Q	R-rock fwd (in place)	L-rock fwd (in place)

Do above 4 steps 2-3X

Single Swing   **Corte**   advanced

Beat	Man	Woman
Open Break		
S	L-L	R-R
S	R-in place; **Release R hand**	L-in place
Q	L-back	R-back
Q	R-slide fwd, toe to toe	L-slide fwd, toe to toe
	L-fwd/close, toe only	R-fwd/close, toe only
	Closed hold, R hand in sm of her back	

Corte (like Tango)

Beat	Man	Woman
S	L-back, L knee bent, R st, arch fwd a little	R-fwd, knee bent, L st, arch back, head L
S	L-fwd/close (toe only)	R-back/close (toe only)
Q	L-5th pos; resume std hold	R-5th pos
Q	R-rock fwd	L-rock fwd

Single Swing   **Corte Twist**   advanced

Beat	Man	Woman
Open Break		
S	L-L	R-R
S	R-in place; **Release R hand**	L-in place
Q	L-back	R-back
Q	R-slide fwd, toe to toe	L-slide fwd, toe to toe
	L-fwd/close, toe only	R-fwd/close, toe only
	Closed hold, R hand in sm of her back	

Corte (like Tango), w/ Twist   {Same as corte}

Beat	Man		Woman
S	L-back/knee bent; R st, arch fwd a little	{thru here}	R-fwd, knee bent, L st, arch back, head L
S	L-twist L ccw 90, in place		R-twist L ccw 90, looking over L shldr
Q	L-untwist		R-untwist
Q	L-fwd/close, toe only		R-back/close, toe only

Basic

Single Swing   **Free Spin w/ Twist**   advanced

Beat	Man	Woman
Open Break		
S	L-L	R-R
S	R-in place; **Release R hand**	L-in place
Q	L-back	R-back
Q	R-rock fwd	L-rock fwd
Free Spin w/ Twist		
S	L-in place, spin her ccw & relse	R-fwd 90L
S	R-in place; catch her w/ arms arnd her waist	L-pivot 270L on R ft to face him
Q	L-twist 90 L in place	R-twist 90L in place
Q	L-untwist	R-untwist

Basic

Triple Swing

Triple Swing is danced to slightly slower music than single swing, such as That Old Time Rock and Roll, I Love a Rainy Night, Boot-Scootin' Boogie, etc. Triple Swing is also a syncopated dance done with a timing of 1ah-2, 3ah-4, 5, 6. The "1ah" (and 3ah) is done as two small fast steps in a single beat. The "2" (and 4) is done as one step in one beat. The "5, 6" is done as one step per beat, usually a rock-step. Swing shoulders: when moving R, dip R shoulder; when moving L, dip L shoulder.

Triple Swing   **Beginner Steps**   beginner

Beat	Man		Woman

Basic (side-to-side, Rock-step)

1	L-L/side (small step)	R-R/side
ah	R-close	L-close
2	L-L	R-R/side
3	R-R/side (small step)	L-L
ah	L-close	R-close
4	R-R	L-L
5	L-behind R (5th pos)	R-back small (5th pos)
6	R-rock fwd	L-rock fwd (in place)

Usually repeats 2-4 times

Woman's Under-arm Turn (out and back)

1	L-L; lift L hand for turn signal	R-¼ turn R & fwd
ah	R-close	L-close
2	L-L	R-¼ turn R & fwd back to him
3	R-R	L-¼ turn R & fwd
ah	L-close	R-close
4	R-R	L-¼ turn R & fwd face him
5	L-behind R (5th pos)	R-Back small (5th pos)
6	R-rock fwd	L-Rock fwd (in place)
1	L-L; lift L hand for turn signal	R-¼ turn L & fwd
ah	R-close	L-close
2	L-L	R-¼ turn L & fwd back to him
3	R-R	L-¼ turn L & fwd
ah	L-close	R-close
4	R-R	L-¼ turn L & fwd face him
5	L-behind R (5th pos)	R-back small (5th pos)
6	R-rock fwd	L-rock fwd (in place)

Back to Basic

Triple Swing   **Beginner Steps**   beginner pg 2

Open break w/ rev turn

Basic (side to side; as you do rock step on R side, release R hand hold. Then…)

1	L-fwd; lift L hand for turn signal	R-¼ turn R & fwd
ah	R-close	L-close
2	L-fwd	R-¼ turn R & fwd
		back to him
3	R-fwd	L-¼ turn R & fwd
ah	L-close	R-close
4	R-fwd w/ 180L ccw pivot	L-¼ turn R & fwd
		face him
5,6	L,R-rock step	R,L-rock step

Triple Swing   **Tuck & Turn**

Beat	**Man**	**Woman**
1ah2	left	right
3ah4	right	left
5-6	rock-step	rock-step
1ah2	left; tuck her cw w/ her hand to your chest; on "2" lift her L hand	right, let him tuck you in
3ah4	right; turn her out to L, U/A cw	U/A turn to R cw
5-6	rock-step	rock-step

Basic

Triple Swing   **Waist Turn**   beginner

After Woman's U/A turn or Double Reverse turn. Note that during the Waist Turn, while the woman is walking behind the man it is essential that she keep her right hand in contact with his back so that he can tell where her hand is and catch it with his left hand on his left hip.

Beat	Man	Woman
Waist Turn (to side-by-side position)		
1ah2	LRL-step fwd; place her hand on your R hip	RLR-fwd w/ 90 R
3ah4	RLR-waist turn, step fwd & turn 180 L hand catch her R on L hip	LRL-fwd behind him 90R, slide hand across his back
5-6	LR-rock-step	RL-rock-step
1ah2	LRL-side step L; lead her in U/A turn ccw	RLR-U/A turn L ccw, end facing him
3ah4	RLR-side step R, face her	LRL-side step L
5-6	LR-rock-step	RL-rock-step

Arm Slide (optional after Waist Turn; just like in Single Swing)

Beat	Man	Woman
From end of waist turn (above; **Right** hand catch her R on L hip)		
5-6	LR-rock-step	RL-rock-step
1ah2	step fwd w/ 180 turn; lead her U/A turn ccw drop her R hand on your L shoulder	step fwd w/ U/A turn L ccw
3ah4	right, arm slide	left, arm slide
5-6	rock-step, hand catch	rock-step, hand catch

Basic

Back Tap (4 steps back, then 4 tap steps)

Beat	Man	Woman
1	L-L/side (small step)	R-R/side
ah	R-close	L-close
2	L-L	R-R/side
3	R-R/side (small step)	L-L
ah	L-close	R-close
4	R-R	L-L
1	L-back 1 (90L and back)	R-back 1 (90R and back)
2	R-back 2	L-back 2
3	L-back 3	R-back 3
4	R-back 4	L-back 4
1	L-fwd toe tap	R-fwd toe tap
2	L-close/back in place	R-back in place
3	R-fwd toe tap	L-fwd toe tap
4	R-close/back in place w/ 90R; turn her	L-back in place, pivot ¼ L (ccw) to face him
1	L-fwd toe tap	R-fwd toe tap
2	R-close/back in place	R-close/back in place
3	L-fwd toe tap	L-fwd toe tap
4	R- close/back in place	L-close/back in place
5,6	L,R-rock step	R,L-rock step

Triple Swing   **Shoulder Taps**   interm

Beat **Man**   **Woman**
Basic, switch to R X-hand hold

1-2   L-fwd, slow walk arnd ea other   R-fwd
       swivel her ccw (pull to R)
       touch your L hand to her R shldr

3-4   R-fwd, Swivel her cw (push to L)   L-fwd

Do these 4 counts 3X (total of 12 count)

1-4   step in place; Spin her out ccw in an U/A turn,   RLRL-ccw U/A turn
       switch her R hand to your L
5-6   rock-step   rock-step

Basic w/ closed hold

229

Triple Swing   **Sliding Door**   interm

After Woman's U/A turn or Double Reverse turn

Beat	Man	Woman

Waist Turn (to side-by-side position)

1ah2 LRL-step fwd; place her hand on your R hip   RLR-step fwd 90R

3ah4 RLR-waist turn, step fwd & turn 180   LRL-fwd behind him 90R
          slide hand across his back

5-6   rock-step, L hand catch her R on L hip   rock-step

Sliding Door

1ah2 LRL-side step L, behind her, catch her hand   RLR-side step R, R hand out

3-4   RL-rock-step, L hand extension   LR-rock-step

1ah2 RLR-side step R, behind her, catch her hand   LRL-side step L, L hand out

3-4   LR-rock-step, R hand extension   RL-rock-step

     Repeat 2-3X

1ah2 LRL-side step L; lead her in U/A turn ccw   RLR-U/A L ccw, facing him

3ah4 RLR-side step R   LRL-side step L

5-6   LR-rock-step   RL-rock-step

Basic

230

Triple Swing   **Bump Step**   interm

After Woman's U/A turn or Double Reverse turn

Beat	Man		Woman

Waist Turn (to side-by-side position)

Beat	Man	Woman
1ah2	step fwd; place her hand on your R hip	step fwd 90R
3ah4	waist turn, step fwd & turn 180	step fwd behind him, 90R slide hand across his back
5-6	rock-step, L hand catch her R on L hip	rock-step

Bump Step

Beat	Man	Woman
1ah2	LRL-side step L	RLR-side step R
3	hip bump	hip bump
4	R-step in place	L-step in place
5-6	LR-rock-step	RL-rock-step

Repeat 2-3X

Beat	Man	Woman
1ah2	LRL-side step L; lead her in U/A turn ccw	RLR-U/A L ccw, facing him
3ah4	RLR-side step R	LRL-side step L
5-6	LR-rock-step	RL-rock-step

Basic

Triple Swing   **Bump Step to Walk Around**   interm

After Woman's U/A turn or Double Reverse turn

Beat	Man	Woman
Waist Turn (to side-by-side position)		
1ah2	step fwd; place her hand on your R hip	step fwd 90R
3ah4	waist turn, step fwd & turn 180	step fwd behind him, 90R slide hand across his back
5-6	rock-step, L hand catch her R on L hip	rock-step
Bump Step		
1ah2	side step L	side step R
3	hip bump	hip bump
4	R-step in place	L-step in place
5-6	rock-step	rock-step
	Repeat 2-3X	
1ah2	side step L; lead her in U/A turn ccw	U/A turn L ccw, facing him
3ah4	side step R	side step L
5-6	rock-step	rock-step
Walk Around		
1-12	fwd walk around each other (6 steps) like Triple swing Shoulder Taps, Right hands on each other's outside hips. Left hands for arm styling.	
1-4	turn her in 2 U/A ccw turns	2 U/A ccw turns; face him
5-6	rock-step	rock-step

Basic

Triple Swing   **Wrap Around Walk**   interm

Beat	Man		Woman	

Beat   Man   **Woman**

Basic: go to 2-hand hold

1ah2	L, wrap her cw…		R, turn cw into…	
3ah4	R, …into wrap around hold		L, … wrap around hold	
5-6	L,R-Rock Step		R,L-Rock Step	

1ah2   L-fwd   R-fwd
       R-close   [lock…   L-close   [lock…
       L-fwd   …step]   R-fwd   …step]
3ah4   R-fwd   L-fwd
       L-close   [lock…   R-close   [lock…
       R-fwd   …step]   L-fwd   …step]

Do 3X for 12-count

Exit

1ah2   L-turn her ccw…   R-turn ccw…
3ah4   R- …to unwrap her   L-…to unwrap
5-6   L,R-rock step   R,L-rock step

Basic, back to standard hold

SLOW VERSION

Basic: go to 2-hand hold

1ah2   L-wrap her cw…   R, turn cw into…
3ah4   R-…into wrap around hold   L, … wrap around hold
5-6   L,R-rock step   R,L-rock step

1-2   L-fwd, slow walk arnd ea other   R-fwd
3-4   R-fwd   L-fwd

Do these 4 counts 3X (total of 12 count)

Exit

1ah2   L-turn her ccw…   R-turn ccw…
3ah4   R-…to unwrap her   L-…to unwrap
5-6   L,R-rock step   R,L-rock step

Pattern ends where it started

Triple Swing   **6 Stepper**   interm

She circles around him while doing U/A turns
He does a hand-change behind his back
From 2-hand hold…

Beat	Man	Woman
	L hand up, send her cw in U/A turn	
1a2	in place; lead her to your L side; rel R	R-go R to his L side (facing out)
3a4	in place; lead her behind you, lwr L	L-cont U/A turn & go behind him (facing him)
5-6	in place; pass her hand L-to-R behind you	R,L-rock-step
	R hand up, lead her U/A turn cw	
1a2	in place; lead her to your R side	R-go R to his R side (facing out)
3a4	in place; lead her to your front; lwr R hand	L-cont U/A turn & go in front of him (face him)
5-6	Rock-step	R,L-Rock-step
	R hand up, lead her U/A turn ccw	
1a2	in place; lead her to your R side	R-go L to his R side (facing out)
3a4	in place; lead her behind you, lwr R hand	L-cont U/A turn & go behind him (face him)
5-6	in place; pass her hand R-to-L behind you	R,L-Rock-step
	L hand up, lead her U/A turn ccw	
1a2	in place; lead her to your L side	R-go L to his L side (facing out)
3a4	in place; lead her to your front, lwr L hand	L-cont U/A turn & go in front of him (face him)
5-6	Rock-step	R,L-Rock-step

Triple Swing   **6 Swivel**   interm

Beat	**Man**	**Woman**
1ah2	LRL-basic to left	RLR-basic to right
3ah4	RLR-R, open break (release R hand)	LRL-L
5-6	L-90R turn, fwd; 1-hand hold	R-90L turn, fwd
1	R-turn/swivel 90L; 2 hand hold; facing wt on left foot	L-turn/swivel 90R wt on right foot
2	R-swivel 90R in place	L-swivel 90L in place
3	R-swivel 90L in place (facing)	L-swivel 90R in place
4	R-swivel 90R in place	L-swivel 90L in place
5	R-swivel 90L in place (facing)	L-swivel 90R in place
6	R-swivel 90R in place, **wt to R ft**	L-swivel 90L in pl, **wt to L ft**
1ah2	L,R,L turn R 180 in place, free turn	R,L,R turn L 180 in place, free turn
3ah4	R,L,R turn R 180 in place	L,R,L turn L 180 in place
5-6	rock-step; catch her R hand in your L	rock-step

Basic; Resume closed hold

Triple Swing   **Promenade Lock Steps**   interm

Beat	Man	Woman
Basic		
1ah2	Left	Right
3ah4	Right	Left
5-6	Rock-step; turn to prom	Rock-step
Prom Lock Steps		
1	L-fwd	R-fwd
ah	R-Lock..	L-Lock..
2	L-..Step	R-..Step
3	R-fwd	L-fwd
ah	L-Lock..	R-Lock..
4	R-..Step	L-..Step
5	L-fwd/90R, face her	R-fwd/90L, face him
6	R-close	L-close

Can do the above pattern several times

Beat	Man	Woman
Basic		
1ah2	Left	Right
3ah4	Right	Left
5-6	Rock-step	Rock-step

Triple Swing   **Offset Break**   interm

Beat	**Man**	**Woman**
Basic		
1ah2	Left	Right
3ah4	Right, open to 2 hand hold	Left
5	L-fwd 45R, outside R (rock-fwd)	R-back
6	R-rock back (step)	L-rock fwd

Offset Break

1ah2	LRL-L	RLR-R
3	R-fwd 45L, outside L (rock-fwd)	L-back
4	L-rock back (step)	R-rock fwd
1ah2	RLR-R	LRL-L
3	L-fwd 45R, outside R (rock-fwd)	R-back
4	R-rock back (step)	L-rock fwd

Can do above 6 steps 2x, then square up

Basic w/ closed hold

Triple Swing   **Overhead Continuous Turns**   interm

Switch to cross-hand hold; R hand on top (during rock step)

Beat	Man	Woman
1	L-step in place; lift L hand	R-1/4 turn R cw under R arm
2	R-step in place	L-1/4 turn R cw under R arm
3	L-step in place; lift L hand, lwr R arm	R-1/4 turn R cw under L arm
4	R-step in place	L-1/4 turn R cw under L arm
1	L-1/4 turn L ccw under L arm	R-step in place
2	R-1/4 turn L ccw under L arm	L-step in place
3	lwr L arm, lift R arm	R-step in place
	L-1/4 turn L ccw under R arm	L-step in place
4	R-1/4 turn L ccw under R arm	
1	L-step in place; lift L hand	R-1/4 turn R cw under R arm
2	R-step in place	L-1/4 turn R cw under R arm
3	L-step in place; lift L hand, lwr R arm	R-1/4 turn R cw under L arm
4	R-step in place	L-1/4 turn R cw under L arm

End
Do an underarm turn then rock-step while
transfering her R hand to youl L hand

Basic

238

Triple Swing   **Hip Swivels**   interm
Same for Single Swing

After basic, slide R hand to small of her back

Beat	**Man**	**Woman**
Slow turning circle		
1,2	L-L, swivel her out	R-fwd/out w/ hip swivel
3,4	R-close, swivel her in	L-fwd/in w/ hip swivel
5,6	L-L, swivel her out	R-fwd/out w/ hip swivel
7,8	R-close, swivel her in	L-fwd/in w/ hip swivel
Fast turning circle		
1	L-L, swivel her out	R-fwd/out w/ hip swivel
2	R-close, swivel her in	L-fwd/in w/ hip swivel
3	L-L, swivel her out	R-fwd/out w/ hip swivel
4	R-close, swivel her in	L-fwd/in w/ hip swivel
5	L-L, swivel her out	R-fwd/out w/ hip swivel
6	R-close, swivel her in	L-fwd/in w/ hip swivel
7	L-L, swivel her out	R-fwd/out w/ hip swivel
8	R-close, swivel her in	L-fwd/in w/ hip swivel

Exit
Do a Double Rev Turn

Basic w/ closed hold

Triple Swing   **Wring out the rag**   advanced

Unless stated otherwise, do standard basic left on "1ah2" and standard basic right on "3ah4".

Beat	**Man**	**Woman**
1ah2	pass her hand behind her back, L to R	slide R hand across back to L side
3ah4	tug R hand to unwind her 360	unwind w/ cw turn 360
5-6	rock step	rock step
1ah2	L hand x-over to take her L, Release R hand; lead her arnd behind you….	walk arnd behind him…
3ah4	w/ L arm over your head, & cont to lead her arnd to front	& continue arnd to the front of him
5-6	in place; lead her across L to R	2 walking steps fwd, across in front of him
1ah2	spin her cw to your R side, Bring your arm over-head	cw underarm turn…
3ah4	drop her hand on your shldr, Your R hand to her waist	moving fwd to his R side, L hand on his shldr
	You'll be side-by-side	
5-6	rock step	rock-step
1ah2	in place; lead her fwd/L in a ccw tuck	step fwd L in ccw tuck
3ah4	in place; send her out in a free spin cw	free spin 360 cw
5-6	rock-step; w/ L hand, catch her R	rock-step

Beat	Man	Woman
Triple Swing		**Shuffle** (Like Samba)	advanced

Beat	**Man**	**Woman**
Basic		
1ah2	Left	Right
3ah4	Right	Left
5-6	Rock-step	Rock-step
	Release R hand	
Shuffle Right		
1	L-L	R-R
ah	R-behind L in 5th pos	L-behind R in 5th pos
2	L-Xfront	R-Xfront
ah	R-R	L-L
3	L-Xfront	R-Xfront
ah	R-R	L-L
4	L-Xfront	R-Xfront
Shuffle Left		
1	R-Back	L-FWD
ah	L-L	R-R
2	R-Xfront	L-Xfront
ah	L-L	R-R
3	R-Xfront	L-Xfront
ah	L-L	R-R
4	R-Xfront; Closed hold	L-Xfront
Basic		
1ah2	Left	Right
3ah4	Right	Left
5-6	Rock-step	Rock-step

Triple Swing　　　　　**Free Spin w/ Twist**　　　　　advanced

Beat	Man	Woman

Open Break

Beat	Man	Woman
1ah2	Left triple	R triple
3ah4	Right triple; relse R hand	L triple
5	L-back	R-back
6	R-rock fwd	L-rock fwd

Free Spin w/ Twist

Beat	Man	Woman
1	L-90L, spin her ccw & relse	R-fwd 90L
ah	R-close	L-side-R, pivot 180L on R ft
2	L-L; catch her w/ arms arnd her waist twist her 90 L in place	R-side-L, pivt 180L,face him L-twist 90L in place, wt on R (back) ft R arm over his L shldr, L arm on his R arm Hold yourself up
1	R-90R; untwist her	L-untwist 90 R in place, stand upright
Ah	L-close; relse L hand; spin her cw w/ R hand	R-side-L, pivot 270 R cw, R lands fwd
2	R-in place; catch her R hand in your L	L-fwd, pivot 180 R cw, L lands slight back

Basic

Four Count Swing

Four Count Swing is danced to Disco music such as The Hustle, Dancing Queen, Night Fever, Stayin' Alive, Disco Inferno. All of this music is in 4/4 time. The dance timing is 1-2-3-4, which is usually 1-2, rock-step. Use two-hand hold, his palms up, hers down on top of his. This is a very fun, light-hearted dance with many interesting patterns. It provides a good opportunity for you to be creative and add your own steps or modify existing ones as suites you.

4-Count Swing   **Beginners**   beginner

Beat	**Man**	**Woman**
Basic		
1	L-fwd, short step, outside her foot	R-fwd, short step
2	R-rock back	L-rock back
3	L-back behind R foot (5th pos)	R-bak behind L foot (5th pos)
4	R-rock fwd	L-rock fwd

Reverse Underarm Turn

On beat 4 of basic, lift L hand and release R, pass by each other on left

1	L-fwd/slightly-L w/ 90R	R-fwd/slightly-L w/ 90L
2	R-back w/ 90R	L-back w/ 90L
3	L-back behind R foot (5th pos)	R-bak behind L foot (5th pos)
4	R-rock fwd	L-rock fwd
	Can go back to basic or do 2nd rev turn	

Side by Side Sweatheart

On beat 4 of basic, lift L hand up & right

1	L-fwd, short step; lead her in beside you	R-fwd/slightly-L w/ 90L
2	R-rock back	L-bk/90L, tuck in beside him
3	L-back behind R foot (5th pos)	R-bak behind L foot (5th pos)
4	R-rock fwd	L-rock fwd
	Repeat several times	
Exit		
1	L-fwd, short step; lift L hand, nudge her fwd	R-fwd w/ 90R
2	R-rock back	L-fwd/90R, back to orig pos
3-4	rock-step	rock-step

Waist Turn

On beat 4 of basic, release R hand

1	L-fwd w/ 90L (cross R arm over L) w/ L hand draw her R to your R waist	R-fwd 90R, facing his back
2	R-back w/ 90L, catch her hand on L waist	L-bk/90R; slide R hand acros his lwr back to his L waist
3-4	rock-step	rock-step

1-4	Do a reverse turn to switch handhold to palm up	

Arm Slide

Waist turn but catch her hand w/ your R hand

1	Put her into a rev turn & lift your R hand behind your head to place her hand on your L shldr. At same time, place your L hand on her R shldr.
2	Do arm slide down each other's arms and catch her hand
3-4	Rock-step

4-Count Swing   **Side-to-side**   beginner

Beat	Man		Woman
1	L-fwd; lead her fwd & to your R		R-fwd & slightly L
2	R-in place; relse L hand, spin her 180 in beside		L-pivot in beside him
3-4	LR-rock-step		RL-rock-step
1	L-fwd w/ 90R; lead her fwd/L to face you		R-fwd w/ 90L; R hand out,
	L hand takes her R; relse your R hand		palm down
2	R-back w/ 90R	side-by-side	L-back w/ 90L
3	L-back; swing L hand back		R-back; swing R hand back
4	R-rock fwd; swing L hand fwd		L-rock fwd;swing Rhand fwd
1	L-fwd w/ 90L; lead her fwd/R to face you		R-fwd w/ 90R; L palm down
	R hand takes her L; relse your L hand		
2	R-back w/ 90L	side-by-side	L-back w/ 90R
3	L-back		R- back
4	R-rock fwd		L- rock fwd

Repeat last 2 measures (8 steps) a few times

Exit
On the hand swing side, after beat 4, while swinging L hand fwd put her into a rev turn. She turns on beats 1-2 while you do basic. Re-establish 2-hand hold, then do rock-step.

4-Count Swing   **Step Past**

Do basic, on fwd step, place her R hand in your R, then rock-step

Beat	Man	Woman
1	L-fwd; lift R hand, lead her in rev u/a turn	R-fwd/slightly-L w/ 90L
2	R-fwd	L-back w/ 90L
3-4	rock-step	rock-step
1	L-back; lift R hand, lead her in fwd cw turn	R-fwd w/ 90R
2	R-back	L-back w/ 90R, front of him
3-4	rock-step	rock-step

Do above 2 times

Exit with arm slide

1	L-fwd; lift R hand, lead her in rev u/a turn	R-fwd/slightly-L w/ 90L
2	R-fwd w/ 180R pivot (face her)	L-back w/ 90L, face him
	Lift your R hand behind your head to place her hand on your L shldr.	
	At same time, place your L hand on her R shldr.	
3-4	rock-step; arm slide & catch her hand	rock-step

4-Count Swing   **Zoom Past**

Zoom past (basic w/ 180 cw turns to switch sides) 2-hand hold

Beat	Man	Woman
1	L-fwd w/ 90R; lead her fwd/slight R w/ 90R	R-fwd & slightly L w/ 90R, face him
2	R-back w/ 90R; lead her to same	L-back w/ 90R, face him
3-4	rock-step	rock-step

Repeat a few times

4 Count   **Sweetheart Moves**   interm

I. Sweetheart Back & Forth

Beat	Man	Woman
1	L-fwd sm; wrap her ccw into…	R- turn ccw into…
2	R-in place; …sweetheart	L- …sweetheart beside him
3-4	L,R-rock step	R,L-rock step

Back & Forth

1	L-fwd/90R; lead her w/ you	R-fwd/90R
2	R-back 90R	L-back 90R
3-4	L,R-rock step	R,L-rock step

1	L-fwd/90L; lead her w/ you	R-fwd/90L
2	R-Back 90L	L-back 90L
3-4	L,R-rock-step	R,L-rock-step

Repeat last 2 sections 2 times. Can end here by releasing here from sweetheart, or continue…

II. Circle Walk

1	L-fwd/R	R-back/R
2	R-fwd/R	L-back/R
3	L-fwd/R	R-back/R
4	R-fwd/R	L-back/R

Repeat a few times (12 count)
Can end here by releasing here from sweetheart, or continue…

III. Sweetheart Rollout

1	L-L; roll her out to the side	R-roll out 180 R cw
2	R-in place	L-roll out 180 R cw
3-4	rock-step	rock-step

1	L-L; roll her in	R-roll in 180 L ccw
2	R-in place	L-roll in 180 L ccw
3-4	rock-step	rock-step

Can do 2 roll-outs

Release Her from sweetheart

1	L-in place; lift L hand & nudge her fwd	R-fwd
2	R-in place; … turn her out from sweetheart	L-fwd/close/180R, face him
3-4	rock-step	rock-step

Basic   resume standard 2-hand hold
You can also release her from sweetheart with a continuous turn to wrap-around.

247

4-Count Swing   **Double Hand Overhead Turn**   intern

Beat	Man	Woman
	On beat 4 of basic, lift both hands, pass by each other on left	
1	L-fwd/slightly-L w/ 90R	R-fwd/slightly-L w/ 90L
2	R-back w/ 90R, face each other	L-back w/ 90L
3	L-back behind R foot (5th pos)	R-bk behind L foot (5th pos)
4	R-rock fwd	L-rock fwd
1	L-fwd/slightly-R w/ 90L	R-fwd/slightly-R w/ 90R
2	R-back w/ 90, face each other	L-back w/ 90R
3	L-back behind R foot (5th pos)	R-bk behind L foot (5th pos)
4	R-rock fwd	L-rock fwd

Repeat a few times

Flows nicely into sliding door

4-Count Swing   **Sliding Door**

Beat	Man	Woman
	On beat 4 of basic or Double hand overhead turn, release R hand	
1	L-fwd/slightly-L w/ 90R; keep L hand low Lead her fwd 90 L in front of you Release L hand	R-fwd/slightly-L w/ 90L in front of him
2	R-cross behind to side; catch w/ R hand	L-cross behind to side
3	L-L	R-R
4	R-in place	L-in place
1	L-cross over to side; lead her L in front Release R hand	R-cross over to side
2	R-R; catch w/ L hand	L-L
3	L-cross behind to side	R-cross behind to side
4	R-in place	L-in place

Repeat a few times

End with rev u/a turn

Flows nicely into step past

4-Count Swing   **Wrap Around**   interm

Beat	Man		Woman
Wrap			
1	L-fwd; lift L hand **out to L**. R hand low		R-fwd, stay to R of him
2	R-pivot 180L ccw; turn her cw in u/a turn		L-pivot 180 R cw, L arm behind back
3-4	rock-step; lower L hand	{rev posit's, facing}	rock-step

Beat	Man		Woman
Unwrap			
1	L-fwd; lift left hand		R-fwd
2	R- pivot 180R cw,		L-pivot 180 L ccw u/a
3-4	rock-step; lower L hand		rock-step

Repeat above 2-3 times

Wrap Around with Under-arm Ducks

After standard wrap, man ducks under her arms behind her to her other side and back again.

Beat	Man		Woman
Wrap			
1	L-fwd; lift L hand **out to L**. R hand low		R-fwd, stay to R of him
2	R-pivot 180L ccw; turn her cw in u/a turn		L-pivot 180 R cw, L arm behind back
3-4	rock-step; lower L hand	{rev posit's, facing}	rock-step

Beat	Man		Woman
U/A ducks			
1	L- fwd/R, under L forearm, stepping behind her		R-in place; don't move
2	R-back/R under R forarm, stepping to her other side		L-in place; don't move
3-4	LR-rock-step		RL-rock-step
1	L- fwd/L, under R forearm, stepping behind her		R-in place; don't move
2	R-back/R under L forarm, stepping to her other side		L-in place; don't move
3-4	LR-rock-step		RL-rock-step

Beat	Man		Woman
Unwrap			
1	L-fwd; lift left hand		R-fwd
2	R- pivot 180R cw,		L-pivot 180 L ccw u/a
3-4	LR-rock-step; lower L hand		RL-rock-step

4-Count Swing   **Wrap Around**   pg 2

Wrap Around with Walkaround
After standard wrap (above), walk around each other in a circle, both walking forward

Wrap

1	L-fwd; lift L hand **out to L**. R hand low	R-fwd, stay to R of him
2	R-pivot 180L ccw; turn her cw in u/a turn	L-pivot 180 R cw, L arm behind back
3-4	LR-rock-step; lower L hand {rev posit's, facing}	RL-rock-step
1-8	walk around each other	

Unwrap

1	L-fwd; lift left hand	R-fwd
2	R-pivot 180R cw,	L-pivot 180 L ccw u/a
3-4	LR-rock-step	RL-rock-step

You can also unwrap her with a continuous turn to Woman's U/A turn

4-Count Swing   **Overhead Arm Slides**   interm

Beat	Man	Woman
1	L-fwd/L beside her; R arm over her head…	R-fwd
2	R-rock back; … to her near shoulder	L-rock back
3	L-back; arm slide down	R-back
4	R-rock fwd; catch her hand	L-rock fwd

Lead her in a reverse u/a turn, and transfer her hand from your R to L

Basic

4-count swing   **Six Stepper**   interm

She circles around him while doing U/A turns
He does a hand-change behind his back

Beat	Man	Woman
1	L-L; L hand up, send her cw in U/A turn	R-fwd w 90R, go to his L side (face out)
2	R-R; release R hand; L hand down	L-bak/90L, behind him (face his back)
3-4	L,R-in place; move her hand L to R	R,L-rock-step
1	L-L; R hand up, lead her cw in U/A turn	R-fwd w 90R, go to his R side (face out)
2	R-R; lower R hand	L-back w/ 90L, (facing him)
3-4	L,R-rock-step	R,L-rock step
1	L-L; R hand up, lead her ccw in U/A turn	R-fwd w/90L, go to his R side (face out)
2	R-R; lower R hand	L-back w/ 90R, (facing his back)
3-4	L,R-in place; move her hand R to L	R,L-Rock-step
1	L-L; L hand up, lead her ccw in U/A turn	R-fwd w/90L, go to his L side (face out)
2	R-R; lower L hand	L-back w/ 90R, (facing him)
3-4	L,R-rock-step	R,L-rock step

Back to basic

4-Count Swing   **She-turn he-turn**   advanced

Lead her like a regular under-arm turn. As soon as she turns ccw under-arm on beat one, you also turn under-arm ccw on beat 2. Note you must be careful and quick to "slip through" on time without bumping into her.

Beat	Man	Woman
1	L hand lead across her face for rev U/A turn	R-fwd 90 L ccw U/A turn
	L-in place	
2	R-turn L ccw under your arm	L-back 90 L ccw u/a
3-4	LR-rock step	RL-rock step

4-Count Swing   **Forward Walk**   advanced

Beat	Man	Woman
1-4	Basic; switch to R-R cross-hand hold	
1	L-fwd; Lead her in ccw U/A turn…	R-fwd w/ ccw U/A 90L
2	R-rock back; …to your R side	L-back w/ ccw U/A 90L
	R hand holds hers by her R shldr	slightly in front & R of him
	L hand holds hers by her L shldr	
3	L-back	R-back
4	R-rock fwd	L-rock fwd
1	L-fwd	R-fwd swivel walk
2	R-fwd	L-fwd swivel walk
3	L-fwd	R-fwd swivel walk
4	R-fwd	L-fwd swivel walk

Exit

Beat	Man	Woman
1	L-fwd, Relse L hand; Send her out w/ cw turn	R-fwd/turn 90R
2	R-rock back	L-fwd/turn 90R (facing him)
3	L-back	R-back
4	R-rock fwd	L-rock fwd
1-2	lead her into reverse (ccw) U/A turn. Place her R hand in your L	
3-4	rock step	

Basic

4-Count Swing   **Grapevine**   advanced

All grapevine steps are outside each other

Beat	**Man**	**Woman**
Basic		
1	L-pivot 45R then back; Lead her fwd outside to your L	R-pivot 45R then fwd
2	R-back	L-fwd
3	L-pivot 90 L, then fwd	R-pivot 90 L then back
4	R-fwd	L-back
1	L-pivot 90 R, then back	R-pivot 90 R, then fwd
2	R-back	L-fwd
3	L-pivot 90 L, then fwd	R-pivot 90 L, then back
4	R-fwd	L-back

Basic

4-Count Swing   **Neck Slide**   advanced

Beat	Man	Woman

<u>**Beat**</u> <u>**Man**</u>   <u>**Woman**</u>

1-4   Basic

1-4   Roll her into sweetheart and rock-step together

Woman to Man's Left side

1-2   in place   R-fwd/L in front of him
       lead her across in front to your L side;   L-L/back, to his L side

3-4   LR-rock step together   RL-rock step together

Woman to Man's Right side

1-2   in place   R-fwd/R in front of him
       lead her across in front to your L side;   L-R/back, to his L side

3-4   LR-rock step together   RL-rock step together

Woman to Man's Left side

1-2   in place   R-fwd/L in front of him
       Lead her across in front to your L side;   L-L/back, to his L side

3-4   LR-rock step together   RL-rock step together

Exit – Release her from Left side

1-2   LR-in place; lead her out in front of you
       lift her R hand over her head turning her ccw 180   RL-turn 180L to face him
       to face you (hands will be crossed)

3-4   LR-rock step   RL-rock step

1-2   L-Fwd; R-close; lift her hands over your head to   R-fwd twd him, L-fwd/close;
       back of your neck, release her hands there   hands over his head to back
                                         of his neck

3-4   rock-step; slide hands down arms to 2-hand hold   RL-rock step; slide hands
                                                       dn his chest to 2-hand hold

Basic

4-Count Swing   **Overhead Continuous Turns**   advanced

Basic: Switch to cross-hand hold with R on top

Beat	Man	Woman
1	L-in place; lift R hand, turn her cw	R-pivot 180 cw in place
2	R-in place; lwr R hand, lift L, turn her cw	L-pivot 180 cw in place
3	L-pivot 180L ccw	R-in place
4	R- pivot 180L ccw; lwr L hand, lift R	L-in place
1	L-in place; lift R hand, turn her cw	R-pivot 180 cw in place
2	R-in place; lwr R hand, lift L, turn her cw	L-pivot 180 cw in place
3-4	rock-step	rock-step

Lead her to U/A turn & resume 2-hand hold

West Coast Swing

The standard version of West Coast Swing uses a timing of 1, 2, 3&, 4, 5&, 6. That is eight footsteps in six beats of music, using two syncopated beats per dance step. There is an alternate version of this dance that uses slower footwork by removing one of the syncopated beats. This timing is 1, 2, 3, 4, 5&, 6. On the 3-beat, tap your toe on the floor and on the 4-beat step your left foot just the same as the faster version. West coast is danced to music such as Mustang Sally, Gangster of Love, Heard it through the grapevine.

West Coast   **Beginners**   beginner

<u>**Beat**</u>   <u>**Man**</u>   <u>**Woman**</u>

Sugar Push (basic)   2-hand hold

Beat	Man	Woman	
1	L-back	R-fwd	
2	R-back	L-fwd	
3	L-5th pos (toe to heal)	R-5th pos (toe to heal)	
&	R-L (Xover) or in place	L-R (Xover) or in place	
4	L-fwd & push her back, releasing R hand	R-back	
5	R-5th pos	L-back, long step	Coast-
&	L-R (Xover)	R-close to L	er
6	R-R	L-fwd	step

Sugar Turn   2-hand hold

Beat	Man	Woman
1	L-back	R-fwd
2	R-back; st to lift L hand	L-fwd
3	L-5th pos; draw L hand to L shldr	R-5th pos
&	R-L (Xover)	L-R (Xover)
4	L-fwd; relse R hand, turn her cw 180R U/A	R-pivot 180R
5	R-5th pos; cont to turn her	L-turn 90R
&	L-R (Xover)	R-turn 90R
6	R-R	L-close

Open Pass (L side pass) – one hand hold

Beat	Man	Woman	
1	L-back, lwr L hand	R-fwd, note lead	
2	R-back	L-fwd	
3	L-5th pos	R-fwd	
&	R-L (Xover)	L-fwd short stutter step	
4	L-180L turn; flick her wrist to signal her turn	R-fwd; pivot 180L ccw	
5	R-5th pos	L-back, long step	Coast-
&	L-R (Xover)	R-close to L	er
6	R-R	L-fwd	step

Underarm Pass (R side pass) – one hand hold

Beat	Man	Woman	
1	L-back, lwr L hand	R-fwd, note lead	
2	R-back	L-fwd	
3	L-5th pos	R-fwd	
&	R-L (Xover)	L-fwd short stutter step	
4	L-180R turn; lift L hand for her U/A turn	R-fwd; pivot 180R cw	
5	R-5th pos	L-back, long step	Coast-
&	L-R (Xover)	R-close to L	er
6	R-R	L-fwd	step

West Coast   **Beginners-2**   beginner

These 4 patterns follow one another in sequence

Beat	Man	Woman
	Underarm Pass w/ Man's Waist Turn – one hand hold	
	Can do from Sugar Push, Open L Pass or U/A R-side pass	
1	L-back; lwr L hand, lead her fwd on R	R-fwd, note lead
2	R-back	L-fwd
3	L-5th pos	R-fwd
&	R-L (Xover)	L-fwd short stutter step
4	L-180R turn; lift L hand for her U/A turn	R-fwd; pivot 180R cw
5	R-FWD, place her hand on R hip	L-back, long step Coast-
&	L-Side, Pivot 180 L, catch her hand on L hip	R-close to L er
6	R-Side, Pivot 180 L (note: L hand palm dn)	L-fwd step

Beat	Man	Woman
	L side pass w/ U/A Turn – one hand hold (palm dn from above)	
1	L-back, lwr L hand, lead her fwd on L	R-fwd, note lead
2	R-back	L-fwd
3	L-5th pos	R-fwd
&	R-L (Xover)	L-fwd short stutter step
4	L-180L turn; lift L hand for her 180L U/A turn	R-fwd; pivot 180L U/A turn
5	R-5th pos; w/ R hand, catch her L hand	L-back, long step Coast-
&	L-R (Xover)	R-close to L er
6	R-R; Ends w/ 2-hand hold	L-fwd step

Beat	Man	Woman
	L side pass w/ in & out wrap – 2-hand hold	
1	L-back, 90L off track; lead her fwd on L	R-fwd, note lead
2	R-back/close	L-fwd
3	L-5th pos; turn her 180L	R-fwd, pivot 180L ccw
&	R-L (Xover); cont her turn another 180L U/A (wrap)	L-back, pivot another 180L U/A
4	L-fwd/90L, to follow her	R-fwd
5	R-5th pos; lift L hand & turn her 180R U/A (unwrap)	L-fwd, pvt 180R U/A, unwrap to face him
&	L-R (Xover)	R-in place
6	R-R; Ends w/ 2-hand hold	L-in place

Beat	Man	Woman
	In & out wrap to Hammerlock – 2-hand hold	
1	L-back, 90L off track; lead her fwd on L	R-fwd, note lead
2	R-back/close	L-fwd
3	L-5th pos; turn her 180L	R-fwd, pivot 180L ccw
&	R-L (Xover); cont her turn another 180L U/A (wrap)	L-back, pivot another 180L U/A
4	L-FWD/90L, to follow her	R-fwd
5	R-5th pos; lift L hand & turn her 180R U/A (unwrap)	L-fwd, pivot 180R U/A, unwrap to face him

{same as above thru here}

Beat	Man	Woman
&	L-R (Xover); turn her another 180R	R-back w/ 180R
6	R-R; another 180R	L-fwd w/ 180R, to wrap-arnd, facing him

In hammerlock hold (wrap around) at this point

258

1   L-back; lead her fwd on R   R-fwd
2   R-back   L-fwd
3   L-5th pos   [lead her 180L U/A turn]   R-fwd   [180L]
&   R-L (Xover); Lift L hand [turn her 180L, relse R hand]   L-fwd sht stutr step [L-bk 180L]
4   L-180R turn; lead her 180L U/A turn   R-fwd; pivot 180L ccw
5   R-5th pos   L-Back, long step   Coast-
&   L-R (Xover)   R-close to L   er
6   R-R;   Still 2-hand hold   L-fwd   step

West Coast　　　　　　　**Triple steps**　　　　　　　beginner

These 4 patterns follow one another in sequence

Beat	Man	Woman

Closed Basic - closed hold
1&2	triple step L w/ tiny steps (like triple swing)	mirror
3&4	triple step R w/ tiny steps	"

Tuck Release - closed hold
1	L-L; turn her 90 R cw	R-pivot 90R, bak/close R ft to L
2	R-close; lead her fwd (R to L)	L-fwd in front of him
3	L-5th pos	R-close, toe only (heel up)
&	R-in place; lead tuck (turn her twd you)	L-Xover w/ 90 L turn (tuck, facing him)
4	L-fwd w/ 90L, turn her cw U/A	R-R w/ 90 R turn
5	R-5th pos	L-fwd w/ 90 R turn U/A
&	L-R (Xover)	R-pivot 90R
6	R-R (facing ea other)	L-close

Underarm Pass w/ hand change - 1-hand hold
1	L-back, lwr L hand; lead her fwd	R-fwd, note lead
2	R-back "	L-fwd
3	L-5th pos "	R-fwd
&	R-L (Xover) "	L-fwd short stutter step
4	L-pivot 90R; turn her L ccw; switch her hand to your R	R-fwd; pivot 180L ccw U/A
5	R-5th pos	L-back, long step Coast-
&	L-R (Xover)	R-close to L er
6	R-R	L-fwd step

Ends w/ R-R Xhand hold; she's on his R

Pull-Push with hand change - R-R xhand hold
1	L-back sm; pull R hand in (her L)	R-fwd (R shldr fwd; twist L)
2	R-back sm; push R hand out (her R)	L-fwd (L shldr fwd; twist R)
3	L-5th pos; flick wrist to st her L ccw turn	R-fwd w/ 180L pivot
&	R-L (Xover)	L-back w/ 180L pivot U/A
4	L-close; switch her hand to your L	R-fwd w/ 180L pivot
5	R-5th pos	L-back, long step Coast-
&	L-Xover R w/ 45L	R-close to L er
6	R-fwd/R w/ 45L (close to L)	L-fwd step

End facing each other

West Coast	**Ronde Sweep**	beginner

Beat	Man	Woman
1	L-back	R-fwd
2	R-point foot 90R; lead L hand across to R	L-point foot 90L
3-4	L-xover R ft w/ body turn 90R	R-xover L w/ body turn 90L
5-6	R-ronde sweep w/ 90L to close ft (face her) lead L hand back to L to turn her	L-ronde sweep 90R to close feet (face him)

Pattern ends where it started; facing each other

Basic

West Coast	**She Turn, He Turn**	beginner

Beat Man
Circle, in place, R cw

Woman
Circle, in place, L ccw

Beat	Man	Woman
1	L-side; lwr L hand, lead her fwd on R	R-fwd, note lead
2	R-fwd 90R, face her; turn her ccw	L-fwd 90L, back to him
3	L-side	R-side U/A
&	R-pivot 90R, keep L hand up	L-pivot 90L
4	L-fwd 90R U/A (back to front)	R-fwd 90L
5	R-back 90R, lwr L hand	L-back 90L
&	L-point fwd	R-point fwd
6	R-in place	L-in place

Pattern ends where it started

West Coast   **Tummy Touch & Pass**   beginner
(1-hand hold, 6 count)

Beat	Man	Woman	
1	L-back; lead her fwd on your R	R-fwd	
2	R-back	L-fwd	
3	L-behind R (5th pos)	R-fwd	
&	R-In place	L-close	
4	L-L; Stop her w/ hand on tummy	R-fwd	
5	R-behind L	L-back	Coast-
&	L-In Place	R-close	er
6	R-R	L-fwd	step

Do above 2X

Go around each other in 6 count

West Coast   **Catch Her in the Basket**   interm
                              (2-hand hold, 8 count)

Beat	Man	Woman
Sweet-Heart Position		
1	L-In place (bring her into sweetheart)	R-fwd w/ 90L
2	R-In place	L-back w/ 90L, beside him
Walk Around 90		
3	L-fwd walking R	R-sm fwd, tight R walk
&	R-fwd/close	L-fwd/close
4	L-fwd walking R	R-sm fwd, tight R walk
	Release R Hand to stop turning her	
Turn to Face Her (180)		
5	R-fwd/R, 90 R turn	L-back
6	L-L/side, 90 R turn	R-back
7	R-behind L	L-back Coast-
&	L-In Place	R-close er
8	R-R	L-fwd step

Pattern turns 270R (1/4 L)

West Coast   **Whips**   intern

Beat	**Man**	**Woman**

Basic Whip 1-hand hold (L) (go around a circle and end where you start)

1	L-L; draw L hand to R hip, then across to L	R-fwd
2	R-fwd/L & pt R; L hand fwd then R 　　R hand catch her back	L-fwd w/ 180R pivot, L hand on 　　　　his R arm
3	L-in place	R-back　　　　　coast-
&	R-in place	L-close　　　　　　er-
4	L-fwd/side w/ 90R pivot to face her; gentle lead fwd	R-fwd　　　　　　step
5	R-back w/ 90R, heels touching, feet V shaped, look R; 　　Push w/ L hand, relse R hand	L-fwd, past him, w/ 180R pivot 　　　L hand off his arm
6	L-L/side w/ 90R pivot	R-back
7	R-5th pos	L-5th pos　　or　　back
&	L-in place	R-in place　　or　　close
8	R-close	L-close　　or　　fwd

Whip With Inside Roll (woman's reverse U/A turn)
Steps 1-4 same as basic whip

1	L-L; draw L hand to R hip, then across to L	R-fwd
2	R-fwd/L & pt R; L hand fwd then R 　　R hand catch her back	L-fwd w/ 180R pivot, L hand on 　　　　　his R arm
3	L-in place	R-back　　　　　coast-
&	R-in place	L-close　　　　　　er-
4	L-fwd/side w/ 90R pivot to face her; 　　Lead: lift L hand shldr ht, fingers slight R	R-fwd　　　　　　step
5	R-back w/ 90R, heels touching, feet V shaped, look R; 　　Lead: Relse R hand, lift L, turn her ccw 180	L-fwd, past him, 180L U/A turn
6	L-L/side w/ 90R pivot;	R-back
7	R-5th pos	L-5th pos　　or　　back
&	L-in place	R-in place　　or　　close
8	R-close	L-close　　or　　fwd

Whip With Hand Change Behind Her Back
Steps 1-4 same as basic whip

1	L-L; draw L hand to R hip, then across to L	R-fwd
2	R-fwd/L & pt R; L hand fwd then R 　　R hand catch her back	L-fwd w/ 180R pivot, L hand on 　　　　　his R arm
3	L-in place	R-back　　　　　coast-
&	R-in place	L-close　　　　　　er-
4	L-fwd/side w/ 90R pivot to face her;	R-fwd　　　　　　step
5	R-back w/ 90R, heels touching, feet V shaped, look R; 　　L hand dn, then to sm of her back & relse, 　　R hand takes hers (finger catch) 　　Keep R hand low as she turns	L-fwd/side w/ 90R to face him, 　　slide R hand across your back 　　L hand off his arm, slip it bet 　　　you; pivot 90R in place 　　　　(don't move ft)
6	L-L/side w/ 90R pivot;	R-swing around 180R
7	R-5th pos	L-swing around 180R (L ft 　　　　slightly back)
&	L-in place; switch her hand to your L	R-back sm
8	R-close	L-close

Whip With Outside Roll (woman's cw U/A turn)
Steps 1-4 same as basic whip

1	L-L; draw L hand to R hip, then across to L	R-fwd

2	R-fwd/L & pt R; L hand fwd then R
	       R hand catch her back
		L-fwd w/ 180R pivot, L hand on
		       his R arm

3	L-in place	R-back coast-
&	R-in place	L-close er-
4	L-fwd/side w/ 90R pivot to face her; Lead: lift L hand shldr ht, fingers slight L	R-fwd step

5	R-back w/ 90R, heels touching, feet V shaped, look R;
	       Lead: Relse R hand, lift L, turn her ccw 180
		L-fwd/side w/ 90R to face him
		       L hand off his arm &
		       slip it bet you
		       pivot 90R in place
		       (don't move ft)

6	L-L/side w/ 90R pivot; lift L hand over her head
	       Palm dn
		R-swing around 180R w/ U/A
		       turn cw, palm up

7	R-5th pos	L-swing around 180R (L ft slightly back)
&	L-in place	R-back small
8	R-close	L-close

Do an U/A pass to turn hands over to his up, hers down

West Coast   **Dual U/A Pass, She-He Pass**   interm

Beat	Man	Woman
Dual U/A Pass (1 hand hold)		
1	L-Side; lead her fwd on your R side	R-fwd
2	R-fwd w/ 45R pt	L-fwd
3	L-side/back w/ 90R; turn her L ccw U/A she turn	R-fwd w/ 90L U/A
&	R-side/L in front of R w/ 45R pt	L-fwd sm. w/ 90L
4	L-fwd w/ slight Xover	R-close
5	R-pivot 180R in place; R-back w/ 45R U/A he turn	L-back (Coast-er-Step or in place)
&	L-back w/ 90R	R-close
6	R-close	L-fwd (end where he st'd)
	(end L off track; she's on R side)	

Beat	Man	Woman
She-He Pass (continues from above step)		
1	L-back sm; lead her fwd (R to L)	R-fwd
2	R-back sm	L-fwd
3	L-back sm; loop hand ccw over her head	R-fwd w/ 180 L pivot U/A, R lands back
&	R-fwd/90L	L-back w/ 180 L pivot, L L lands fwd
4	L-fwd, R hand on her back, turn her ccw & to L	R-fwd w/ 180 L pivot, land to side (facing him)
5	R-fwd/side 90L, step arnd her, turn her 90L, Then drop R hand	L-back/close w/ 90 L
6	L-180 pivot ccw; U/A f to b	R-back w/ 90 L (pivot L ft also)
7	R-270 pivot ccw; R lands back, facing her	L-back (Coast-er-Step or in place)
&	L-side/R Xover	R-close
8	R-close	L-fwd

Pattern ends turned 180 & fwd from start, facing each other

West Coast   **4-Triple Sugar (w/ locksteps)**   advanced

Beat	Man		Woman	

4-Triple Sugar, w/ lock steps (1 hand hold)

Beat	Man		Woman	
1	L-back		R-fwd	
2	R-fwd/90R; lead her like a cross-over		L-fwd/90L	
3	L-fwd		R-fwd	
&	R-fwd/behind L	lock…	L-fwd/behind R	lock…
4	L-fwd	…step	R-fwd	…step
5	R-fwd/side w/ 90 L (face her)		L-fwd/side w/ 90 R	
&	L-90 L turn (reverse dir); switch hands		R-90 R turn	
6	R-fwd		L-fwd	
7	L-fwd w/ 180R pivot; relse R hand		R-fwd w/ 180L pivot	
&	R-back w/ 180R pivot, R lands fwd		L-back w/ 180L pivot, L L lands fwd	
8	L-fwd/side w/ 90 R; L hand catch her R		R-fwd/side/90L (facing him)	
9&10	in place or 5th pos		in place or coast-er-step	

West Coast   **Tuck Release to Back Pass**   advanced

Beat	Man		Woman

Closed Tuck Release w/ Dual U/A Turns

Beat	Man	Woman
1&2	triple step L w/ tiny steps	mirror
3&4	triple step R w/ tiny steps	"
1	L-L; turn her 90 R cw	R-pivt 90R, slide R ft back to L
2	R-close; lead her fwd (R to L)	L-fwd
3	L-5th pos	R-close, toe only (heel up)
&	R-in place; lead tuck (turn her twd you)	L-Xover w/ 90 L turn (tuck, facing him)
4	L-fwd/L 90, turn her cw U/A w/ R hand on her back, roll her R	R-R w/ 90 R U/A
5	R-close to L; arm OH, front-to-back	L-fwd w/ 90 R
&	L-90L	R- " (arnd him)
6	R-close; send her behind you w/ R hand on her back	L-fwd, behind him

Back side Pass w/ Outside Roll

Beat	Man	Woman
1	L-hold; lead her fwd w/ L hand (behind you)	R-fwd
2	R-hold; lead her to R turn	L-fwd w/ 180 R pivot
3	L-back/90L; Loop L hand cw over her head	R-back w/ 180 R pivot (sm steps 3 thru 6)
&	R-close	L-fwd w/ 180 R pivot
4	L-fwd	R-back w/ 180 R pivot
5	R-in place	L-fwd w/ 180R pivot (face him)
&	L- "	R-in place
6	R- " end facing each other, 1-hand hold	L-in place

West Coast   **Shoulder Catch Whip to Hammerlock**   advanced

Beat	Man	Woman
	Shoulder Catch Whip	**Roll past him, then backup behind him**
1	L-back w/ 90 L turn; lead her fwd	R-fwd
2	R-back	L-fwd
3	L-back; lead her fwd & ccw	R-fwd w/ 180 L pivot
&	R-side; L palm on her R shldr, finger hold	L-back w/ 180 L pivot; R hand to R shldr
4	L-fwd; push her past; walk behind her	R-close
5	R-fwd; draw her back behind you; lwr L hand	L-back (behind him)
6	L-L; HC behind back	R-back
7	R-back;	L-back
&	L-back	R-close
8	R-in place (end with her off to R)	L-in place
		(end where you started)

Beat	Man	Woman
	Hammerlock w/ Hip Roll (R-R hold)	
1	L-back; lead her fwd	R-fwd
2	R-back; lead her fwd	L-fwd
3	L-back; lower hand, turn her ccw	R-fwd/180L pivot (outside roll)
&	R-close; fold her hand across her back	L-back w/ 180 L pivot
4	L-fwd/90L; guide her dn LOD past you	R-fwd
5	R-close; lower hand, turn her 180R	L-fwd w/ 180 R pivot
&	L-back w/ 270L pivot; R arm behind your back (Hlock)	R-in place
6	R-close w/ 90 L to face her; L hand to her R side	L-fwd
1	L-back	R-fwd
2	R-back; relse R hand;	L-fwd
	w/ L arm, pop her arm up & roll her L ccw	
3	L-back/behind w/ 90 L; R-hand to her back	R-fwd w/ 180 L pivot
&	R-close; cont. turning her	L-back w/ 180 L pivot
4	L-fwd w/ 90 L; closed hold	R-fwd w/ 180 L pivot
5&6	in place	in place

End in closed position/hold

Ballroom Dance Music Examples

Waltz:
Could I Have This Dance?
Are You Lonesome Tonight?
You're On the Road Now
Take it to the Limit
Funny Familiar Forgotten Feelings
Fascination
Open Arms
You Light Up My Life
Moon River
Moulin Rouge
Tennessee Waltz
Missouri Waltz
Waltz across Texas
Someone is Standing Outside
Green sleeves
Jean
Weekend in New England
Hushabye Mountain
Close Every Door to Me
Their Hearts are Dancing
Last Cheater's Waltz
Charade
Try to Remember
Three Times a Woman
The Last Waltz
Tammy's in Love
It is You I Have Loved
Run for the Roses

Foxtrot:
The way you look tonight
Fly me to the Moon
I've Got You Under My Skin
Come Fly With Me
Witchcraft
Pocketful of Miracles
Wave
NY, NY
Mack the Knife
Beyond the Sea
Happy Heart
Me and My Shadow
This Business of Love
Come Dance With Me

Look at me now
Thank-you Frank
Starlight Express
Paper Roses
Mr. Sandman
Make the World Go Away
More
Save the Last Dance for Me
I Left My Heart in San Francisco
Windmills of Your Mind
Misty
We'll Sing in the Sunshine
Red Roses for a Blue Woman
Canadian Sunset
Raindrops Keep Falling on My Head
Everything is Beautiful
King of the Road
Rhinestone Cowboy
On the Road Again
Blue Rose Is
All of Me
Sweet Caroline
What a Wonderful World
Can't Smile Without You
Brown Eyes Blue
Elvira
Everybody's Talkin'
Love Will Keep Us Together
I'll Never Fall in Love Again

Tango: Phantom of the Opera
Pink Panther Theme
Hernando's Hideaway
La Paloma
Blue Tango
Only Tango
Rain in Spain
La Cumparsita
Pachita
A Media Luz
His Feet too Big for the Bed
Temptation

Quickstep: Pennsylvania 6-5000
In the Mood
Blue Skies

Luck be a Woman
Cabaret
Hello Dolly
I'm a Believer
Country Roads

Rumba: Spanish Eyes
Swavaceto
Guantanamera
No Me Ames
Changes In Latitudes
Margaretville
Key Largo
Under the Boardwalk
Neon Moon
New Kid in Town
Blue on Blue
Promise to Remember
The Look of Love
I'm Gonna Miss You Girl
It's Now or Never
Cherish
Never My Love
(Last Night) I Didn't Get to Sleep at All
Lookin' For Love
Here You Come Again
Traces of Love
And I Love Her
Here, There, & Everywhere
Love is all Around
Stand by Me
Baby I Love You
The Way You Look Tonight
Up Where We Belong
Wouldn't Have Missed it for the World
The Most Beautiful Girl
All I Have to do is Dream
Yellow Rose of Texas
When Will I See You Again?
Have You Ever Seen the Rain?
Nobody Knows
Take my breath away
Johnny Angel

Merengue: Suavemente
Se Me Sube

Café Con Leche

Cha-cha: Cherry Pink and Apple Blossom White
Smooth
Bahama Mama
Besame Mama
Swavaceto (Never Met a Girl Like You)
The Girl From Ipanema
Never on Sunday
Obsession
Tea for Two
Cha Cha Cha (Over the Rainbow)
The Hot Cha Cha
Glow Worm
On the Beach
Quantanamera
Todo, Todo, Todo
Obsession
Pretty Woman
I Love a Rainy Night
I Just Called to Say I Love You
That Old Time Rock 'n Roll
When Will I See You Again?
Have You Ever Seen the Rain?
Venus
Vehicle
The Look of Love
It's Now or Never
Deep Purple
Twist and Shout
Gentle on my Mind
Voulez Vous Coucher
Sloopy (hang on)
Johnny Angel

Bolero: Este Bolero
Con Los Anos Me Quedan
Spanish Eyes
Take My Breath Away
Al Di La
Release Me
Stranger on the Shore
The Morning After
Times of your Life
Wichita Lineman
Don't it Make my Brown Eyes Blue

Beyond Closed Doors
Roses are Red
Speak Softly Love

Salsa: I Just Wanna Be Happy
Mambo #5
Mas Que Nada
Lloraras
Tequila
Speak UP Mambo
Chivirico
Sway (Quien Sera)
En Barranquilla Me Quedo
I'm a Believer
Grazin' in the Grass
Waterloo
Ring of Fire

Samba: Llorare Las Penas
Corazon Latino
Camina Y Ven
Amores Del Sur
Magalenha

Single Swing:

Rockin' Robin
Rock Around the Clock
I'm a Believer
Twist
Twist and Shout
Jump, Jive, and Wail
Chattanooga Choo Choo
Hello Dolly
Danke Schoen
Boy Named Sue
Daddy Sang Bass
Ruben James

Triple Swing:

That Old Time Rock and Roll
I Love a Rainy Night
Boot-Scootin' Boogie
Pretty Woman
Moody Blue
Just a Good ol' Boy
If Loving You is Wrong

Waterloo
Up Around the Bend
Traveling Band
Deep Purple
Hello Dolly
Love Will Keep Us Together
Danke Schoen
Folsom Prison
I Walk the Line
Goin' to Jackson
Gentle on my Mind
Country Boy
Never Been This far Before
Harper Valley PTA
Galveston
Forgiving You is Easy
Take This Job and Shove it
The Boy From N.Y. City

4-Count Swing (or Hustle):

Hustle
Night Fever
Stayin' Alive
Disco Inferno
More Than a Woman
How deep is your Love
Tragedy
You Should be Dancing
Dancing Queen
Listen To the Music
Heaven Must Be Missing An Angel
Rock the Boat
It's a Miracle
Down on the Corner
Have You Ever Seen the Rain
Celebrate
Proud Mary

West Coast Swing:

24x7
Chain of Fools
Mustang Sally
Gangster of Love
Heard it through the grapevine
Something You Got
Elvira

Casinova Cowboy

276

Ballroom Dance Chart

Type/ Dance	Meas ures Per Min	steps per Min	timing	Count	Comment
Ballroom					**Heel Lead. Both elbows out**
Waltz	28-32	90	3/4	3 Step: 1-2-3	Rise and Fall
Foxtrot	28-32	80-90	4/4	28 (slow)S-Q-Q; 32(fast)S-S-Q-Q	Smooth; Emphasis on beats 1&3
Tango	26-30	70	4/4	5 Step Basic: S-S-Q-Q-S	Staccato
Quickstep	40-50	120	4/4	4 Step: S-Q-Q-S or S-S-Q-Q	Smooth like Foxtrot
4-Cnt Slow	16-20	64	4/4	1-2-3-4 i.e. 1-2-Rock-Step	Can use 4-count swing steps
Latin					**Toe lead. Man's L elbow down**
Rumba	24-30	81	4/4	3 Step: Q-Q-S	Smooth with Latin motion
Merengue	56-68	124	2/2	2 Step: 1-2	All arm movements
Cha Cha	26-32	145	4/4	5 Step: 1-2-3-4&	Overlaps with slow Triple Swing
Bolero	20-24	72	4/4	3 Step: S-Q-Q (Slow-Step-Step)	Smooth; Slide toes, no rock-step
Salsa	40-50	135	4/4	3 Step: Q-Q-S	Fast, take small steps
Samba	50-60	165	2/2	3 Step: ¾-¼Q or 1ah2; step & cut	Fast, take small steps
Bachata	24-30	80	4/4	3 Step: Q-Q-S	Can do Rumba
Mambo	40-50	135	4/4	3 Step: Q-Q-S	Can do Salsa
BossaNova	24-50	80+	4/4	3 Step: Q-Q-S	Can do Rumba or Salsa
Swing					**aka Lindy, Jitterbug, Jive Emphasis on beats 2 & 4**
Single	34-48	56	4/4	4 step: S-S-Q-Q or S-S-rock-step	Similar to Lindy
Triple	30-40	96	4/4	8 steps in 6 beats:1ah2 1ah2 Q-Q or 1-ah2 1-ah2 Rock-Step	Similar to Jitterbug
Four Count	26-32	116	4/4	4 Step: 1-2-3-4 i.e. 1-2-rock-step	Disco
Hustle	26-32	160	4/4	4 Step: 1-2-&3	Same steps as 4-count swing
West Coast	20-24	110	4/4	8 Steps in 6 beats: 1-2-3&-4-5&-6 10 steps in 8 beats: 1-2-3&-4-5-6-7&-8 Slow vers: 7 Steps in 6 beats: 1-2-3-4-5&-6	3& = 5th pos Rock-Step On 3, tap toe; on 4 plant foot

Printed in Great Britain
by Amazon

41405380R00156